喪失のこころと支援

悲嘆のナラティヴとレジリエンス

山口智子 編

遠見書房

はじめに

　喪失は人が生きていくうえでどのような意味をもつのでしょうか？　また，他者の喪失に何かできることはあるのでしょうか？　コロナ禍で親密な交流を抑制された生活が続き，ロシアによるウクライナ侵攻や世界情勢の不安定さが高まるなかで，私たちは何を喪失したのか，喪失からどういう意味が見出すのか，他者の喪失に何ができるのかの答えを見出すことは難しいことです。しかし，そのような時期だからこそ喪失と支援について考えてみたいと思います。

　人はさまざまな「喪失」を経験します。病気，配偶者や子どもなど重要な他者の死，離婚，失業，犯罪被害，災害，戦争，故郷の喪失などは人生に大きな影響を与えます。心理臨床の現場で出会う方々のことを「喪失」という視点から考えると，心理臨床は多様な「喪失」を経験している方の「喪失のこころ」をどのように理解し「支援」するのかと言い換えることができます。
　「喪失のこころ」について考えたいと思うようになったのは，2011年の東日本大震災の頃からです。臨床心理学では，喪失について，フロイトの「対象喪失と喪の作業（モーニングワーク，Mourning Work）」や分析心理学の「死と再生」のテーマで取り上げられ，震災以降，「喪失と再生」や「喪失と回復」の特集がいくつか企画されました。しかし，戦後30年から50年の頃に広島や沖縄に住んだ経験から，東日本大震災の被災も甚大な被害を受け，生き延び，生活を取り戻そうとしているとき，人は大切なものを失っていても喪失とは気がつかないかもしれないし，気づいたとしても再生や回復を期待されることは負担ではないかと考えました。そして，喪失からの再生や回復は，臨床心理学で受け入れられている一つのドミナントな物語ではないかと考えるようになりました。
　また，コミュニティ心理学のアドボカシーの視点からこれまでの心理臨床を振り返ると，社会環境の改善よりも，障害のある方に「障害受容」という

ストーリーを強いていなかったのかなど，一度，支援を俯瞰してみることも必要です。犯罪被害支援の経験では，大切な家族の死に加え，他者の悪意，司法制度と自身の価値観の乖離を経験している方との関わりから，「支援者として，私は何ができるのか」「支援とは何か」という問いや揺らぎを経験しました。何か支援の技法を身につければよいということではなく，「喪失」「支援」に向き合う自分自身が問われます。「喪失」は個人的体験ですが制度や法律など環境の影響もうけ多層的です。このように考えると，「喪失のこころ」を臨床心理学の視点でとらえるだけでなく，さらに，発達心理学やコミュニティ心理学の視点も加えて理解することが役立ちます。

　私たちは人生で多くの喪失を経験しますが，その全てが心理的支援の対象ではなく，その多くは個人の対処，親しい人との支えあい，仕事への没入，芸術作品への昇華，卒業式やお葬式など儀式を活用して対処しています。そのなかで，カウンセリングや心理療法などの心理的支援が求められるのはどんなときでしょうか，そのとき何ができるのでしょうか。私たちは「喪失のこころと支援」について，さまざまに学ぶ必要があるかもしれません。この本は，そんな営為の一助，きっかけになればという思いから企画し，心理臨床の実践や心理学の研究として，「喪失」に真摯にかかわっていらっしゃる先生方に執筆をお願いしました。

　第1部の「ライフサイクルと喪失」は，発達の各ステージで生じる喪失であり，母子，児童，障害，生活困窮，高齢者という福祉5領域と関連する事柄です。医学の進歩による乳児死亡率の低下や治療の進歩，家庭状況の変化，情報機器の普及，コロナ禍による経済状況の悪化など時代的文脈が喪失の様相に影響しています。第2部の「コミュニティと喪失」は，喪失が誹謗・中傷，差別や排除というコミュニティの問題につながった事柄です。犯罪被害者やHIV/AIDSをかかえる人の支援では，歴史的・文化的文脈の影響だけでなく，自分自身のなかにある揺らぎや偏見や支援の立ち位置を考えることもできます。ハンセン病の裁判における弁護士の聴き取りや原爆被害の調査からは，誰が何のために喪失を聴きとり／語り，それをどう表現するのかという問題が見えてきます。第3部の「心理療法」では，音楽を媒介にするアプローチ，言語化を重視するアプローチ，身体志向のアプローチを取り上げました。

　それぞれの章は喪失のとらえ方や語りのトーンが異なります。その違いや重なり合いも喪失の多様性や多層性を考える糸口になるのではないかと思います。

　最後に，出版にあたり，執筆を快諾してくださった皆様と企画から出版に至るまでを支えてくださった遠見書房の山内俊介氏に感謝します。また，2022年4月から半年，特別研究の機会をいただき，「喪失」を考え編集に取り組むことができました。日本福祉大学と職場の同僚に感謝します。

2022年8月

山口智子

目　　次

第2部　コミュニティと喪失

第3部　喪失と心理療法

喪失のこころと支援

第1章

喪失の多様性と語り

山口智子

Ⅰ．はじめに

　本書は，喪失を広くとらえて，大切な人の死だけでなく，病気や障害など
さまざまな心理社会的問題を喪失の視点から考えてみたいと思い企画したも
のです。喪失は，近年，医学，哲学，宗教学などさまざまな学問領域で取り
上げられています。心理学では，これまで，主に臨床心理学で取り上げられ
てきましたが，近年，生涯発達心理学でも取り上げられるようになりました
（やまだ，2007）。この章では，喪失の多様性と語りについて，生涯発達心理
学などの視点も含めて考えてみたいと思います。

Ⅱ．喪失の多様性について

1．喪失（loss）とは何か

　喪失とは，何かを失うことです。喪失には，ペンをなくすという瑣末な喪
失から，配偶者や子どもなど重要な他者の死，病気や事故による身体の損傷，
離婚，失業，犯罪被害，災害，戦争，故郷の喪失など人生に大きな影響を与
える重大な喪失があります。ハーヴェイ Harvey, J.（2002 = 2003）は，「喪
失は人間の経験のなかでも主要なものであり，否定的なものと肯定的なもの
両方を含む，多くの感情の基礎となるものである」と指摘しています。さら
に，「重大な喪失は感情面において自分の人生を投資したと思っているもの
ごとを喪失することであり，トラウマは突発的で暴力的な死か死の脅威に関
する特別な喪失体験である」と指摘しています。ハーヴェイは，喪失に否定

的なものだけでなく肯定的なものもあること，喪失の重篤度の相違を指摘し，すべての喪失がトラウマであるとは限らないが，すべてのトラウマは喪失を伴うものと位置づけています。

2．あいまいな喪失（ambiguous loss）における 2 つのタイプ

近年，ポーリン・ボス Boss, P.（2006 = 2015）が提唱した「あいまいな喪失」が注目されています。ボスはあいまいな喪失を「はっきりしないまま残り，解決することも決着を見ることも不可能な喪失体験」と定義し，あいまいな喪失を 2 つのタイプに分けています。Type 1 は心理的には存在しているが身体的には存在しない状況（「さよなら」のない別れ）です。人生に重大な影響を及ぼすカタストロフィック（壊滅的）な喪失は失踪，誘拐，行方不明，家や故郷の喪失などであり，一般的な喪失は養子，移民などです。Type 2 は身体的には存在しているが心理的には存在しない状況（別れのない「さよなら」）です。カタストロフィックな喪失は薬物やアルコール依存，抑うつ，アルツハイマー病やその他の認知症，頭部外傷，自閉症などであり，一般的な喪失は大切な人の不在，ホームシック，ワーカホリックです。2 つのタイプは心理と身体での存在と不在を取り上げていますが，これは山本（2014）の心理的喪失，物理的喪失を区別する視点と重なります。

さらに，ボス（2022）は，家族療法家としての経験からあいまいな喪失を提唱しましたが，人種差別や Covid-19 など社会問題にも展開しています。Covid-19 では，あいまいな喪失として，将来に対する希望・夢・計画の喪失，自身や家族の安全や健康に対する確信の喪失，日常生活の喪失など数多くの喪失を列挙し，より明確な喪失として，家族・友人・同僚の死，仕事や収入の喪失などを挙げています。

3．喪失に対する悲嘆と適応に関する知見

私たちは喪失に対して，さまざまな対処をして適応しようと試みます。重大な喪失を経験すると，悲しみ，抑うつ，怒り，罪悪感などの情緒的反応（悲嘆）が生じます（参照：第 12 章）。暴力的な喪失は PTSD などを引き起こすことがあります（参照：第 7 章）。しかし，適切に対処することで，希望を抱きながら苦痛に耐える勇気をもつなどトラウマ後の成長が認められる場合もあります。

　喪失と悲嘆のプロセスについては，キュブラー・ロス Kübler-Ross, E. の否認・怒り・取引・抑うつ・受容の5段階説やフロイト Freud, S. のモーニングワーク（喪の作業）などが臨床領域で重視されてきました。1980年代以降は，ニーマイヤー Neimeyer, R. の「意味の再構築」，シュトレーベ Stroebe, M. らの「死別の二重過程モデル」，クラス Klass, D. らの「継続する絆」やレジリエンスとの関連が検討されています（Worden, 2011 = 2022；山本，2014）。

　喪失と悲嘆のプロセスと支援について，ここでは，心理的喪失と身体的（物理的）喪失を区分するボス（2006, 2022）と山本（2014）を紹介します。

　ボスは，喪失と悲嘆のプロセスについて，あいまいな喪失では，通常の喪失と異なり，事態のあいまいさのために対処や喪の作業ができないために前に進むことができないこと，夫が行方不明のとき「私はまだ妻なのか，そうでないのか」など「私は誰なのか」がわからなくなるというアイデンティティや役割が脅かされること，「この喪失を終わったことにしたくない，でも新しい一歩も踏み出したい」など両価的な思考や感情が生じることを指摘しています。あいまいな喪失では悲嘆が複雑化しやすいのですが，それは個人の病理や脆弱性ではなく，状況のあいまいさに起因するものであり，あいまいな喪失の原因を外在化することで援助が受け入れやすくなるとしています。また，トラウマの治療・援助・予防のためのガイドラインでは，意味を見つける，人生の支配感を調節する，アイデンティティを再構築する，両価的な感情を正常と見なす，新しい愛着の形を見つける，希望を見出すことがレジリエンスを高めるとしています。さらに，終結（closure）は一般的には閉じること，終わりにする行為に用いられますが，愛する人の喪失の悲嘆を終結することは不可能であり，終結は神話であると指摘しています。わが国でも，甚大な自然災害では，「喪失と回復」「喪失と再生」がテーマになることがありますが，終結・回復・再生は喪失を経験している当事者に大きな負担を強いる可能性があり，丁寧に考える必要があります。

　山本（2014）は，喪失経験を心理的喪失と物理的喪失という次元から区分し，物理的には実在しているが心理的に喪失感を感じる「予期の様態」=《様態A》，物理的にも心理的にも不在が認知される「剥奪の様態」=《様態B》，物理的には不在だが心理的には再結合している「補償の様態」=《様態C》の3つの様態を示し，病死など自然な死別プロセスではABCの順に展

開するとしています。様態Ａでは愛着の絆を強化する「安堵」，様態Ｂでは悲嘆を繰り返した末の「断念」，様態Ｃでは新たな現実生活に「希望」を見出すことが課題であると指摘しています。これは日本における臨床実践から生まれたモデルであり，日本における喪失や心理的支援を考えるうえで有効ではないかと思います。

４．喪失の多様性と社会的・歴史的・文化的文脈の影響

　　過去 49 年，寿命を全うできない可能性と隣り合わせだった。死は怖くないが，早く死にたいとは思わない。まずやっておきたいことは山ほどある。

　これは，物理学者のホーキング博士が 2011 年に，インタビューで死について問われたときの言葉です（BBC, 2018）。博士は 21 歳のときに ALS（筋萎縮性側索硬化症）と診断され，余命２，３年と告げられましたが，約 50 年，理論物理学の研究を続け，車いすを使い，言葉を発することができないため音声合成装置を用いて，理論や想いを発信しました。

　　悲しいと感じるそのとき，君は近くに，亡き愛する人を感じたことはないだろうか。僕らが悲しいのは，その人がいなくなったことよりも，むしろ，近くにいるからだ，そう思ったことはないだろうか……僕はある。……僕らが経験しているのは，……魂として存在する「生ける死者」だ。

　これは，東日本大震災の前年に妻を亡くした若松（2012）から大震災で大切な人を亡くした君への語りかけです。若松にとって，悲しみは死者が訪れる合図です。
　このような言葉にふれると，「喪失とは何か」「喪失は回復するのか」という問いが生まれます。臨床心理学では，災害時など「喪失と回復」がドミナントな物語となりやすいのですが，もっと，多様な様相があるのではないかと思います。
　東日本大震災の後に企画された日本質的心理学会の書評特集「喪失の多様性を巡って」（山口ら，2013）では，６名の評者が慢性疾患，死産，大震災，ハンセン病裁判，ホロコーストの第二世代，ヒロシマ研究を取り上げた本を選び，論評しています。慢性疾患を「病気だけど病気じゃない」と意味づけたり，上述の若松の「生きている死者」ではパラドックスが使用されていま

す。また，ホロコーストを体験した父親がおまじないの呪文のように繰り返し語る言葉を聞きながら育つ経験，ハンセン病裁判やホロコースト体験者が人生の終焉間際に語ることなど，「喪失と回復」にまとめきれない喪失の多様な様相が示されています。紹介された本はどれも喪失の体験を内側から，または随伴者の視点から描いており，喪失を考えるための良書です。書評特集を機会があれば，読んでいただきたいと思っています。

　さらに，喪失の多様性について考えるとき，社会的・歴史的・文化的文脈の影響を無視することはできません。今，Covid-19 を経験している私たちは，マスクの着用，ロックダウン，ワクチン接種など，どこで，どの世代として，何を経験するのかによって影響が異なることを経験し，社会的・歴史的・文化的文脈の重要性をより理解できるようになっていると思います。かつて結核は不治の病であり，隔離され，差別の対象でしたが，医療の進歩によって，治療が可能になり，重大な喪失ではなくなりました。犯罪被害やハンセン病や HIV/AIDS の問題も社会の偏見や差別だけでなく，国の施策や法律の整備の不十分さが喪失をより深刻化させてきたことも忘れてはならないことであり，社会的・歴史的・文化的文脈を踏まえて，喪失を理解することは重要な視点です（第 7 章〜第 9 章）。

III．喪失の語りとコミュニティ

　さまざまな心理社会的問題から生じる喪失のこころやその支援は，次章から紹介されるので，ここでは，喪失への適応に関連する語りとコミュニティについて考えたいと思います。

1．喪失の語り：語ることで新たな意味や自己の連続性を見出す

　重大な喪失は人生の連続性を分断する出来事です。人は人生の連続性を分断する出来事を経験すると，出来事に圧倒され，主体性が脅かされます。そのとき，「なぜ」と問い，意味づけることで，主体性を回復し新たな意味や新たな自己を獲得することができます。

　　「ああ，その時（地上戦での夜間の避難）に比べたら，こんなこと（片麻痺）たいしたことないね。……私は小学校の頃，リレーの選手だったの。運

動会も走りましたよー。だから，余計に悲しいのかもしれないね……頑張っ
てみるよ。ありがとね」

　脳梗塞で手足に麻痺が残ったＡさんは，開口一番，「こんな姿になって情け
ない。何でこんなことになったのか。戦争で苦労したけど，子どもや孫もや
さしくしてくれて，このことだけが悩み」と言いました。筆者が戦争と同じ
ように追い詰められた気持ちかと尋ねると，表情が変わり，「ええ逃げました
よ」と戦争で夜中に皆で黙って逃げた経験を一つひとつの地名をあげて現在
形で語り，少し沈黙のあと，上記のことを語りました。Ａさんの戦争の語り
が展開し，身体機能の喪失が〈暗闇・沈黙・逃げる〉戦争の体験と比較され
「たいしたことはない」と意味づけられ，さらに，〈晴れ・声援・走る〉運動
会の出来事と結び付けて語り直すことで，麻痺の悲しみに新たな意味が付与
されました（山口，2015）。

　このように，喪失を経験しながらも，人生を語り直すことで，新たな自己
を獲得する可能性があり，その語り直しには聴き手，伴走者が必要です。喪
失を「なぜ」と自問する力は語り直しにつながるものですが，喪失の衝撃が
大きい場合や個人の状況によっては，心理職などによる安心感や安全を保障
する配慮が求められます。

2．喪失と沈黙：語らない・語れない喪失

　ここで，注意が必要なことは，すべての人が喪失を誰かに語りたいと考え
ているわけではないことです。高齢者の人生の語りの調査面接4回目で，初
めて，2歳で亡くなった長男が50回忌を迎えることを話してくれたＢさん
は「話すと暗くなるでしょ，娘たちにも話していないの。夫と一緒に50回
忌のお参りができてよかったねと話している」と言いました。このように語
らないと決めている喪失だけでなく，語ることが差別や偏見やスティグマ化
につながる非公認の悲嘆（Doka, 1989）もあります。

3．喪失の語りとコミュニティ

　人は何らかのコミュニティに所属しており，喪失や悲嘆のプロセスも社会・
文化の影響を受けます。筆者の個人的な経験を紹介したいと思います。

　農業を営んでいた叔父の葬儀の翌日，組内（近所）の人 3 人が早朝に家に来ました。3 人は，「葬儀は参列者が多いので遠慮し，畑仕事に行く前に立ち寄った」と口上のように話し，叔母に夫の死のいきさつを尋ね，叔母の話にうなずきながら，話の流れに沿うような故人との思い出を話し，何かできることがあれば遠慮しないようにという言葉を残して，仕事に向かいました。また，2 人が訪れ，死のいきさつを聴き，故人の話をしました。次に，3 組目の 3 人が訪れたとき，叔父の死は雨のなかで仕事をしていたために体調を崩してしまったまじめな夫の物語となり，1 組目のときは，問いかけに答える形で話されていた出来事が 3 組目のときには見事な物語になっていました。

　これは，20 年以上前の話ですが，組内の人が 2，3 人ずつ何組かに分かれて訪問し，叔父の死は語り直され，徐々に物語となりました。来訪が 1 人でもなく，5，6 人でもなく，2，3 人ずつ数回に分かれており，皆が語り直しにかかわれる人数でした。このような慣習は長い時間をかけて作られた地域の知恵であり，コミュニティの力がメンバーの死の語りを生成しました。また，葬儀後も毎週，近所の人が集まり御詠歌をあげる地域もありました。

　高度成長期以降，都市部ではこのようなコミュニティの力は衰退し，コミュニティで死を弔うことは難しくなっています。宗教学者の島薗（2019）はともに悲嘆を生きることが人間の本来的なあり方であり，スキルやノウハウに還元されないグリーフケアにはよい交わりの場やよい関係が重要であり，十分に悲しみ，苦難を受け止め続けることがいのちの尊さの感覚を育て，ふるさとの底力を養うと指摘しています。今，専門家による個別の支援に加え，自死遺族や犯罪被害者遺族の自助グループやピアグループなどの活動が求められます。

IV．最後に

　本章では，喪失について，喪失の多様性と喪失や悲嘆のプロセスが社会的・歴史的・文化的文脈の影響を受けることを指摘しました。また，甚大な自然災害などでよく用いられる「喪失と回復」の視点への疑問を提示しました。

　実は，この章の執筆にはいつもより時間がかかりました。喪失について考えることは自分自身の喪失やこれまでの臨床の姿勢と振り返ることでした。主体性を奪われ，圧倒されるような重大な喪失を経験するとき，喪失をしの

ぎ，希望を見出すことは重要なことです。その意味で，「喪失と回復」は喪失を経験している人や支援者を力づける有効なものかもしれません。しかし，「喪失と回復」のみがドミナントな物語になってしまうと，来談者に受容や回復を期待しすぎてしまいますし，支援者は回復に至らない様相に無力感を感じてしまうかもしれません。心理的支援の場では，喪失の多様性や社会的・歴史的・文化的文脈を意識しながら支援を考えていくことができればよいのではないかと考えています。「喪失と回復」が，なぜドミナントな物語として多くの人に受け入れられているのか，「喪失と回復」がどのような喪失を経験している人を支え，どのような喪失を経験している人には負担を強いるのか，「喪失と回復」が心理職の専門性を伝えるメッセージとして有効であるのかなどは，これからも考えていきたいと思っています。

　　　　　文　　　献
BBC（2018）ホーキング氏死去　世界的な物理学者が残した数々の名言：BBCニュース. https://www.bbc.com/japanese/features-and-analysis-43413185（アクセス日 2022年5月6日）
Boss, P.（2006）Loss, Trauma, and Resilience: Therapeutic Work with Ambiguous Loss. W.W. Norton & Company（中島聡美・石井千賀子監訳（2015）あいまいな喪失とトラウマからの回復：家族とコミュニティのレジリエンス. 誠信書房.）
Boss, P.（2022）The Myth of Closure: Ambiguous Loss in a Time of Pandemic and Change. W.W. Norton & Company.
Doka, K. J.（Ed）.（1989）Disenfranchised Grief: Recognizing Hidden Sorrow. Lexington Books.
Harvey, J. H.（2002）Perspectives on Loss and Trauma: Assaults on the Self. SAGE Publications.（和田実・増田匡裕編訳（2003）喪失体験とトラウマ―喪失心理学入門. 北大路書房.）
島薗進（2019）ともに悲嘆を生きる―グリーフケアの歴史と文化. 朝日新聞出版.
やまだようこ（2007）やまだようこ著作集第8巻　喪失の語り―生成のライフストーリー. 新曜社.
若松英輔（2012）魂にふれる―大震災と，生きている死者. 亜紀書房.
Worden, J. W.（2011）Grief Counseling and Grief Therapy, 5th ed.: A Handbook for the Mental Health Practitioner. Springer.（山本力監訳（2022）悲嘆カウンセリング［改訂版］：グリーフケアの標準ハンドブック. 誠信書房.）
山口智子（2015）高齢者の回想法. In：森岡正芳編：臨床ナラティヴアプローチ. ミネルヴァ書房, pp.215-228.
山口智子・飯牟礼悦子・濱田裕子ほか（2013）書評特集 喪失の多様性を巡って. 質的心理学研究, 12; 203.
山本力（2014）喪失と悲嘆の心理臨床学―様態モデルとモーニングワーク. 誠信書房.

第1部

ライフステージと喪失

第 2 章

人生早期の出会いと別れ

永田雅子

I. はじめに

　わたしたちはこの世に生を受け，生を閉じるまで，さまざまな出会いと喪失を体験していきます。

　　銀も金も玉も何せむにまされる宝子にしかめやも
<small>しろかね くがね</small>

山上憶良

　これは，万葉集に収載された有名な一首です。長歌で，子どものことはしきりに思い出され，気になってしまう存在であると詠われた反歌として詠まれたものです。子どもが誕生し育っていくことは，気がかりなことが多い一方で，何よりも大事な存在であると問うたこの歌は，長い時代子どもを慈しむ和歌として親しまれてきました。

　いつの時代でも子どもの誕生と成長は，祝福と喜びを伴うものとされてきました。現在では赤ちゃんが元気で健康に生まれてくることをごく自然のことのように受け止められていますが，この歌が詠まれた時代から戦後まもなくまで，たくさんの子どもたちが，生まれて成長するまでの間に亡くなっていました。生れて 7 日間を無事に過ごすことができたとしてお七夜が営まれ，名前を披露（命名式）することで，家族の一員として迎えられ，数カ月を過ぎて成長できたことを家族でお祝い感謝するものとして 100 日のお祝いの "お食い初め" が行われるなど，その成長を祝う風習は現代まで行われてきています。それはその年齢まで生きることができた子どもたちが少なかったとい

うことの裏返しでもあり，子どもの誕生は，新しい"いのち"と出会うこと
と，"死"という喪失のリスクと隣り合わせであることでした。またそれは，
母親にとっても同様でした。妊娠・出産という体験は女性にとっても命がけ
のものであり，妊娠・出産の過程の中でいのちを落とすことも少なくなくあ
りませんでした。日本では今では，妊産婦死亡率は 3.4％とされていますが
（厚生労働省，2019），世界をみるとその 10 倍もの割合で周産期の時期に母
親も亡くなっていることが報告されています（WHO Maternal Mortality,
2019）。赤ちゃんが生まれ，育つという時期は，赤ちゃんにとっても，その
命を体内に育み，出産する母親にとっても，「生」と「死」が一番近接した時
期といえるかもしれません。

Ⅱ．妊娠・出産における出会いと別れ

　現実的な「死」に直面しなかったとしても，この時期は，新しいいのちと
出会い，そのたくましさを感じたり，逆にそのはかなさを感じ，不安がよぎ
る時期でもあります。どの親も，おなかの中にいる赤ちゃんにおなかを蹴ら
れたり，生れてきておっぱいを必死に飲もうとするその姿にいのちの逞しさ
を実感したり，胎動がしなくなったり，生れてしばらくの間赤ちゃんが泣か
ずに静かに眠っていると「呼吸をしているのか」と不安になるのではないで
しょうか。また親にとっても出産という体験は，自分の身体のうちから，新
しい生命を生み出すという体験でもある一方，出産は自分でもどうにもなら
ないことであり，痛みや出血を伴い，時には，「自分が死んでしまうのではな
いか」という体験をともなってしまうこともあります。無防備な状態で赤ち
ゃんと母親とが出産という体験を通して出会う時であり，何重にも守られ，
抱えられた中で迎えることができることが何よりも大事なことになってきま
す。

1．子どもにとっての出産という体験

　出産という体験は，胎内にいた子どもにとってみれば，羊水や胎盤に守ら
れ，臍帯から栄養が送られていた状態から，出生したと同時に，呼吸を余儀
なくされ，音，光，匂い，温度……胎内にいた時に感じていたよりも多くの
刺激にさらされることになります。つまり，子どもの側からすれば，包まれ

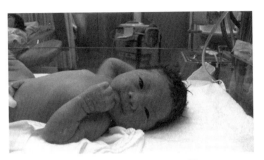

図 1　出生直後の赤ちゃんの様子

ていた安全な世界を喪失し，まったく違う外界に出会う体験となっているのではないでしょうか。

　生まれてから 2 時間ぐらいは静覚醒の時間と言われ，周囲にアンテナを研ぎ澄まされたような姿を見せます。写真は，比較的安産で生まれてきた赤ちゃんの生後間もない頃の写真です（図 1）。しっかりと目を開け，見つめ，まるでここがどういうところなのかをじっと観察しているかのようではないでしょうか。これまで赤ちゃんは未熟で無力な存在かのように思われてきていましたが，実は，生まれた時から，周囲のかかわりを引き出すための能力を持って生まれてきています。赤ちゃんが落ち着いた状態で，赤ちゃんにあわせた対応が提供できているとしたら，赤ちゃんは周囲にアンテナを研ぎ澄ませ，お父さんやお母さんの声に反応し，顔の方をじっと見つめ，その動く方を追うことができます。多くの親はその姿に，赤ちゃんの生命力を感じ，目の前にいる赤ちゃんとして出会いなおすことになります。今まで守られていた母の胎内を離れ，新しくこの世に生を受けた赤ちゃんと，その唯一無二の一人の個性を持った存在である赤ちゃんの親として，親子が現実的に出会うのが出産〜新生児期ということができるかもしれません。

2．母親にとっての出産という体験

　母親にとってみれば，これまで自分の身体の内に存在し，育み，確かにそこにいた赤ちゃんを，出産という体験によって，自らの外に送り出すことになります。妊娠期間は日本では 10 月 10 日と言われており，その長い間，自分であって自分ではない存在とともに過ごしています。少しずつおなかがおおきくなり，胎動を感じるようになることで，その存在を否応なく実感をし，

臨月を迎えると，赤ちゃん自身が生まれることの準備を整え，陣痛が始まることで，出産を迎えることになります。出産後の疲れや，高揚感，安堵感のなか，生れてきた赤ちゃんと直接対面し，触れ合い，目の前にいる"現実の赤ちゃん"と出会うことになります。母親にとって出産は自分の胎内にいた存在を喪失すると同時に，目の前にいる現実の赤ちゃんと改めて出会うという体験が並行して起こっているということもできるかもしれません。

3．別れと再会を支える

　スターン Stern ら（1998 = 2012）は，『母親になるということ』の著書の中で，新しい母親としてのアイデンティティが出産前後の何か月にもわたる心の仕事の積み重ねを通して形づくられていくと指摘しています。それは，子どもが生まれる前の自分を一度喪失し，親としての新しい自分に出会い，親としての自分を受け入れていく過程ということもできるかもしれません。親としての自分となっていくプロセスを支えるのは，赤ちゃんを「かわいいね」と無条件に受け止めてもらい，「やっぱりお母さんね」と母としての自分を肯定してもらい，そして親子としてのこれからの歩みを「あなたと子の赤ちゃんだったら大丈夫」と温かく見守ってくれる周りの存在なのではないでしょうか。

　かつて出産は，自宅で家族に囲まれた中，産婆さんに取り上げてもらうものでした。予期せぬ出産の場合もあった一方で，自宅での出産の場合，生まれてすぐに赤ちゃんは母のもとにやってきて，母が赤ちゃんを温め，赤ちゃんの求めに応じて母乳をそのまま飲ませ，母と赤ちゃんのペースで数日間を過ごすことになりました。その一方，感染のリスクが高く，出産後の処置が不十分なために，母子ともに命を落としてしまうことも少なくなくありませんでした。そのため安心・安全な出産をもとめて，日本においても高度成長期に妊娠中の健康観察もふくめ出産は病院で行われるようになっていきました。病院の中で医学的処置として行われる出産は，母体と赤ちゃんの健康管理が優先され，母子はすぐに分離され，生まれた赤ちゃんが母親の手元に戻ってくるまでは数日後になることが一般的となりました。しかし，2000年頃より出産の風景の見直しが行われるようになり，日本でも出産直後に裸の赤ちゃんを裸のお母さんの胸の上に抱っこしてもらうといった Skin-to-skin（早期母子接触）が広がっていきました。周囲のしっかりとした見守りの中で，

出産後すぐに裸の赤ちゃんがお母さんの裸の胸の上に置かれ，しばらく一緒に過ごす体験は，母親にとっておなかの中からいなくなった喪失感と，その存在が自分のもとに帰ってくる再会を支える大事な時間と空間を保証していると言えるかもしれません。また赤ちゃんにとってみれば，胎内で母親の温かさに包まれていた中から，守りのない世界に生まれ出たあと，再度，母の胸の中で包まれるという体験となるのではないでしょうか。

Ⅲ．現代社会における出生後早期の出会いと別れ

世の中に思ひあれど子をこふる　思ひにまさる　思ひなき哉

紀　貫之

　子どもが生まれ，育っていくという営みは，今も昔も変わらぬものです。人類が誕生して以来，人間は子どもを産み，育ててきました。しかし，生物学的に親になれば，"親"になれるのかといえば，そういうわけではありません。"親"となるまでのさまざまな思いが，親子となっていくそのプロセスに影響を与えることもあります。親自身が何らかの未解決の葛藤を抱えていたり，十分なサポートを得られていなかったりする場合，自分の子どもにかわいいという感情が持てなかったり，子どもに対して苛立ちや怒りを触発されてしまうことが起こってくることもあります。どの親も最初から親としてふるまえるわけではなく，また親としての自信があるわけではありません。周りから子どもと，そして目の前にいる子どもの親である自分を受け止め，支えてもらうことで，親となっていくプロセスを後押ししてもらうことができます。一方で，現代の社会の変化は急激で，親子のはじまりとなる妊娠・出産の場も，地域の中での子育の状況も一世代前であってもまったく違うものとなってきています。

1．子どもをもつということ

　私たちは成人して，パートナーと出会い，親密な関係を築いた場合，家族となるのかならないのか，そしてその先に子どもをもつのかもたないのかということの選択をすることになります。現在は，男性も女性も半数が大学に行くようになり（文部科学省，2021），社会に出て働くことが当たり前の世の中となってきました。結婚や，妊娠・出産自体が，自分のキャリアやライ

フプランとの中で考えられるようになり，晩婚化もすすみ，男女とも初産年齢は30歳を超えるようになっています（厚生労働省，2021）。子どもを持つということは，次の世代をつないでいくことであり，子どもが欲しいと思うのはごく自然な当たり前の思いですが，子どもが欲しいと思ってもすぐに妊娠できるわけではありません。6組に1組の夫婦が不妊で悩んでいるとされ，生殖補助医療技術で生まれてくる子どもは，2019年には年間60,000人を超えるようになってきました（日本産婦人科学会，2019）。不妊治療が身近なものとなってきている一方で，子どもを妊娠するということは，今でも女性にとって"多くの人が普通にできていること"であり，子どもが欲しいと思ってもできないことは，女性としての自分や，子どものいる生活を失ってしまうかのような感覚に陥ることもあります。また治療を受けるという選択をした場合，月経がくればその体験は「流産」となり，妊娠できるかもしれない期待と，いたかもしれない赤ちゃんを失った体験を何度も繰り返すことになります。不妊治療をへて，我が子と出会う人，子どもを諦め夫婦だけの生活を送る人，里親という選択をする人，それぞれの歩みがそこにはあり，そこにも別れと出会いがあるのです。

2．赤ちゃんとの死別

　胎内に受精卵が着床し，細胞が分化し，心臓が鼓動し始め，人の一生が始まります。人は，いつから人となるのか？　という問いは，いつの時代にも問われてきました。実は，日本において法律上は胎内にいる胎児は「人」とはされていません（民法第3条）。一方で，母体保護法では，「胎児が母体外において，生命を保持できない時期に」，一定の条件で人工妊娠中絶を行なうことができるとされ，現在では，在胎22週未満が一つの基準となっています。2015年の人工死産率10.1（出産千対）は自然死産と同率であり，100人に1人は様々な状況の中で子どもが生まれてくることを諦めるという別れを体験しています。

　また新生児死亡率や乳幼児死亡率は50年前に比べて80分の1までに減ってきた一方で，現在でも1,300人〜1,600人の赤ちゃんが生後1年以内に亡くなっています。子どもが生まれてくることを諦める場合であっても，子どもを亡くす場合であったとしても，親は現実の子どもを失うとともに，子どもがいたかもしれない生活そのものも失うという二重の喪失を体験すること

になります。誰かが亡くなった場合，通夜，お葬式をはじめ，儀式や日常の生活の中で，その人を悼み，その人を知っている人の思い出を何度も共有することで，その事実を受け入れ，自分の中で亡くなった人と出会い直していきます。しかし，妊娠中，また出産直後に赤ちゃんを亡くした場合，その赤ちゃんのことを知っている人はわずかしかありません。誰かと悲しみや思いを共有したいと思ったとしても，その機会が限られてしまうことで，きちんと別れを告げることが難しいことも起こってくるのです。

3．想像上の赤ちゃんを失うということ

　子どもを出産してしばらくの間，母親の心の中では，自分が赤ちゃんであった頃の過去と，今，赤ちゃんが目の前にいるという現実と，赤ちゃんとこれから築くであろう未来が重なりあいます。あるお母さんは「物理的には別の存在だとわかっているけど，自分の中の小さな小さな赤ちゃんと一緒だった」と語ってくれたように，目の前にいる赤ちゃんに，自分の赤ちゃんだったときの姿を重ねてみることもあるでしょう。想像していた赤ちゃんや，親としてのこうありたいと思っていた自分の姿を一度失い，目の前にいる現実の赤ちゃんと，その赤ちゃんと時間を積み重ねていく親としての自分と出会っていくのではないでしょうか。そのギャップが少ない場合は，目の前の赤ちゃんとの関係を築いていくプロセスはスムーズに移行できていきますが，赤ちゃんが何らかの疾患や障害を持って生まれてきたり，出産直後に新生児集中治療室（Neonatal Intensive Care Unit：NICU）に入院にならなければならない場合は，そのイメージとのギャップは大きく，通常の出産よりも親子の関係が築かれていくプロセスはゆっくりの経過をたどることが少なくありません。その出会いは，通常の妊娠，出産ができなかったという喪失感や，子どもに対しての罪障感を抱えて始まることになります（橋本，1996）。

　生まれてきた赤ちゃんがダウン症であったあるお母さんは，そのことが分かった直後に夫婦で車で海に飛び込もうと思ったそうです。自分は今まで幸せな人生を送ってきたけど，生まれてきたこの子は，私と同じように幼稚園に通って，小・中で友達に囲まれ，成長して好きな人ができてその人と結婚してという人生を送れないのかもしれないと思ったときに，真っ暗なトンネルの中で，まるで先が見えないところにいるかのように感じたと語ってくれました。周りにしっかりと受けとめてもらったこと，何よりも，目の前にい

る赤ちゃんと一緒に過ごす時間を過ごしていく中で，「この子はただ生きていることに一生懸命で，何も考えていないかもしれない。いろいろと考えてしまう親のほうが罪深いかもしれない」と話され，赤ちゃんとのかかわりの中で笑顔を見せることが増えていきました。残念なことにその赤ちゃんは心臓の疾患のために数カ月で亡くなってしまいましたが，お母さんは，「あの子が生まれてきてくれて本当に良かった。あの子がたくさんの出会いを運んできてくれて，あの子が生きていた間，本当に幸せな日を過ごすことができた」と振り返られました。

　私たちはさまざまな喪失と出会いを繰り返しています。別れに向き合わざるを得なくなった時，その受け止めには時間がかかります。悲しみ，辛さを，誰かにきちんと受け止めてもらうこと，そして何よりも，目の前にいる"いのち"そのものが私たちに新たな出会いをもたらすものとなっていきます。

IV．赤ちゃんとの出会いを支える

　赤ちゃんが小さければ小さいほど，赤ちゃんが私たちに何を伝えようとしているのかわかりにくく，赤ちゃんの行動や反応をどう読み取るのかは，大人によって異なります。たとえば赤ちゃんが手を伸ばした動きをしたときに，ある人は抱っこしてほしいのかしらと思うかもしれませんし，違う人は，私を追い払おうとしていると思うかもしれません。同じ行動や反応をみたとしても，そこにどんな赤ちゃんの意図を読み取るのかは，人によって全く異なるものとなります。フライバーグ Fraiberg, S.（1975 = 2011）は"赤ちゃん部屋のお化け（Ghosts in the Nursery）"と呼びましたが，私たちは実際の目の前にいる赤ちゃんではなく，その背後に自分の思いを反映したものを見てしまうことがあります。しかし，目の前の赤ちゃんのサインを正確に読み取れるようになっていくと，赤ちゃんの背後にみていたお化けは消えていなくなり，目の前の生き生きとして確かにここにいる赤ちゃんと向き合えるようになります。

　赤ちゃんに出会うことを支える支援の方法に，新生児行動観察（Newborn Behavior Observation systems; NBO, Nugent et al., 2007）というものがあります。新生児行動評価(Neonatal Behavior Assessment Scale; NBAS)

図 2　お兄ちゃんと NICU に入院となっていた妹との初めての出会い

を短縮化し，親子関係の支援に焦点を当てて開発されたもので，家族と一緒に赤ちゃんを知るための介入ツールです。赤ちゃんのペースに合わせながらNBO を実施していくと，家族が少しずつ赤ちゃんに意識が向き始め，顔を覗き込むようになっていき，目が見えること，声に反応して，声のする方に赤ちゃんが顔を動かすことをみて，驚き，赤ちゃんが自分のことをきちんとわかってくれていること，反応してくれる存在であることを発見していきます。それは何よりも赤ちゃんが個別性のある存在であることを理解し，赤ちゃんとともに歩んでいくことを支えていくものとなっていきます。それは，赤ちゃんが重い障害を持っていたり，お母さんが抑うつ的となっていたりするときも同じです。

　人生早期の出会いと喪失を支えるためには，あなた（赤ちゃん）が生まれてきたことを何よりも祝福し，その子どものいのちを育み，この世の中に生みおとしたあなた（母親）に対する尊重と尊厳が何よりも大事なことなのではないでしょうか。

　　追　　記
　本章に興味を持たれた方のために，いくつか参考となる書籍等を紹介します。
永田雅子（2017）新版　周産期の心のケア―親と子の出会いとメンタルヘルス．遠見書房．
　　→周産期医療における心理的課題とその支援の在り方について，メンタルヘルスの研究
　　　成果とあわせてまとめたもの。
永田雅子編（2016）別冊発達 32　妊娠・出産・子育てをめぐるこころのケア―親と子の
　　出会いからはじまる周産期精神保健．ミネルヴァ書房．
　　→現代における妊娠・出産・子育てを取り巻く状況とその支援の在り方について，周産
　　　期医療領域で活動する他職種の専門家が執筆をしたもの。
NPO 法人 SIDS 家族の会ウェブサイト：https://www.sids.gr.jp
　　→ SIDS やその他の病気，または死産や流産で赤ちゃんをなくした両親を精神的な面か

ら援助するためのボランティアグループの WEB サイト。家族向けの冊子や，支援者向けのパンフレットなども作成されている。

文　　献

Fraiberg, S., Adelsen E., Shapiro, V.（1975）Ghosts in the nursery; A psychoanalytic approach to the problems of impaired infant-mother relationship. Journal of the American Academy of Child Psychiatry, 14(3); 387-421.（ジョーン・ラファエル - レフ著，木部則雄監訳（2011）母子臨床の精神力動─精神分析・発達心理学から子育て支援へ．岩崎学術出版社，pp.103-139.）

橋本洋子（1996）新生児集中治療室（NICU）における親と子のこころのケア．こころの科学，66; 27-31.

厚生労働省(2021)令和3年（2021）人口動態統計月報年計（概数)の概況．https://www.mhlw.go.jp/toukei/saikin/hw/jinkou/geppo/nengai21/dl/gaikyouR3.pdf（アクセス日2022年8月10日）

厚生労働省（2019）第1回妊産婦に対する保健・医療体制に関する検討会，資料2．https://www.mhlw.go.jp/content/12401000/000479245.pdf（アクセス日2022年8月10日）

文部科学省（2021）令和3年度学校基本調査（確定値）の公表について．https://www.mext.go.jp/content/20211222-mxt_chousa01-000019664-1.pdf（アクセス日2022年8月10日）

日本産婦人科学会（2019）2019年　体外受精・胚移植等の臨床実施成績．https://plaza.umin.ac.jp/~jsog-art/2019data_202107.pdf（アクセス日2022年8月10日）

Nugent, J. K., Keefer, C. H., Minear, S., Johnson, L. C., & Blanchard, Y.（2007）Understanding Newborn Behavior and Early Relationships: The Newborn Behavioral Observations (NBO) System Handbook. Paul H Brookes Publishing.

Stern, D. N., Stern, N. B., Freeland, A.（1998）The Birth of Mother: How the Motherhood Experience Changes You Forever.（北村婦美訳（2012）母親になるということ─新しい「私」の誕生．創元社．）

WHO（2019）Maternal mortality. https://www.who.int/news-room/fact-sheets/detail/maternal-mortality（アクセス日2022年8月10日）

児童虐待と社会的養護

坪井裕子

Ⅰ．児童虐待の現状

　虐待が社会的な問題とされるようになってからかなりの年月がたっていますが，未だに子どもが命を落とす悲惨な事件は後を絶ちません。虐待の背景にはさまざまな要因が考えられますが，少子化に伴う家族機能の変化，家庭の養育能力の低下等が挙げられています。また 2020 年以降，新型コロナウィルス感染拡大により，行動制限や社会全体の閉塞感など，さまざまなストレスが増大していることも，虐待や DV などの増加に関係があるのではないかといわれています。虐待の背景要因の一つとして，日本経済の低迷に関連して，子どもの貧困率の高さなどについても，対応が必要な喫緊の課題と考えられています。

　この章では，子どもの虐待を「喪失」という視点から考えてみたいと思います。そのために，まず児童虐待と社会的養護についての現状から紹介していきます。

　平成 12（2000）年に「児童虐待の防止等に関する法律」（以下，児童虐待防止法）が施行されてから，20 年以上が経過しています。令和 2（2020）年度に児童相談所が対応した虐待件数は，20 万 5,044 件でした（厚生労働省，2022）。対応件数の内訳は，心理的虐待 121,334 件（59.2%），身体的虐待 50,035 件（24.4%），ネグレクト 31,430 件（15.3%），性的虐待 2,245 件（1.1%）となっています。このような虐待を受けた子どもたちは，家庭で継続して生活することが困難であることも多く，その場合は家庭外での代替養育（社会的養育）を受けることになります。社会的養育を担うものとしては

児童福祉施設（乳児院，児童養護施設，児童心理治療施設，児童自立支援施設等）やファミリーホーム，里親宅などが挙げられます。

Ⅱ．社会的養護とは

1．社会的養護を受けている子どもの数

　社会的養育とは，「保護者のない児童，虐待を受けた児童など，家庭環境上，養護を必要とする児童に対し，公的な責任として，社会的に養護を行うこと」（厚生労働省，2022）とされています。日本において，社会的養育（家庭外での養育）を受けている子どもは，令和3（2021）年3月のデータでは約4万2千人（厚生労働省，2022）でした。そのうち里親養育（養育里親，専門里親，養子縁組里親，親族里親を含む）を受けている子どもは6,019人でした。全国に427カ所あるファミリーホーム（養育者の住居において家庭的養育を行うもので，定員5〜6名の小規模生活型児童養育事業）では，1,688人が養育されています。乳児院（養護の必要な乳児おおむね2歳くらいまでを養育する施設），児童養護施設（おおむね2歳から18歳までの養護の必要な児童を養育する施設），児童心理治療施設（家庭環境や学校，その他の環境上の理由により，社会生活への適応が困難となった児童を対象とする施設），児童自立支援施設（不良行為をなし，またはなすおそれのある児童および家庭環境その他の環境上の理由により生活指導を要する児童を対象とする施設），母子生活支援施設（配偶者のない女子またはこれに準ずる事情にある女子およびその者の監護すべき児童を対象とする施設），自立援助ホーム（義務教育を終了した児童であって児童養護施設等を退所した児童等を対象とする施設）などの施設に入所している数は，合わせて約35,000人でした。そのなかで，児童養護施設は全国に612カ所あり，令和3（2021）年3月末時点で30,782人の子どもが入所しています。厚生労働省（2022）のデータから過去10年間の推移をみると，里親等への委託は約2倍に増えているのに対し，児童養護施設および乳児院の入所児童は約2割減っていることが示されています。これは次の節で述べる「新しい社会的養育ビジョン」の影響だと思われます。里親等に委託されている子どものうち約4割，乳児院に入所している子どものうち約4割，児童養護施設に入所している子どものうち約7割が虐待を受けた経験があることも示されています。

2．新しい社会的養育ビジョン

　平成 28（2016）年に児童福祉法の改正が行われ，これまで以上に子ども
の人権を重視した施策がとられることとなりました。この児童福祉法等の改
正を受け，平成 29（2017）年 8 月に「新たな社会的養育の在り方に関する
検討会」において，今後の社会的養育の在り方を示す「新しい社会的養育ビ
ジョン」がまとめられました。これまで，子どもを保護し，養育する重要な
役割を担ってきた乳児院や児童養護施設に対して，家庭養育優先原則を進め
ることになりました。小規模かつ地域分散化を図ることにより，できる限り
良好な家庭的環境に近いものが求められるようになったのです。さらに，高
機能化された養育や親子関係再構築に向けた保護者等への支援を行うこと，
里親や特別養子縁組を含む在宅家庭への支援等を行うことなど，施設の高機
能化および多機能化・機能転換等，より一層，専門性を高めていくことが期
待されることとなりました。
　令和 4（2022）年 3 月に公表された「社会的養育の推進に向けて」（厚生
労働省，2022）では，社会的養護の基本理念と原理が示されています。そこ
では国・地方公共団体（都道府県・市町村）の責務として，家庭と同様の環
境における養育の推進等が以下のように明記されています。

　①まずは，児童が家庭において健やかに養育されるよう，保護者を支援すること。
　②家庭における養育が適当でない場合，児童が「家庭における養育環境と同様の
　　養育環境」において継続的に養育されるよう，必要な措置をとること。
　③②の措置が適当でない場合，児童が「できる限り良好な家庭的環境」で養育さ
　　れるよう，必要な措置をとること。

　特に就学前の児童は，②の措置を原則とすること等を通知において明確化
する，とされています。
　上記の基本となる社会的養護の基本理念は，「子どもの最善の利益のため」
ということと「社会全体で子どもを育む」ということです。児童福祉法第 1
条に「全て児童は，児童の権利に関する条約の精神にのっとり，適切に養育
されること，その生活を保障されること，愛され，保護されること，その心
身の健やかな成長及び発達並びにその自立が図られること，その他の福祉を
等しく保障される権利を有する」とあります。また，児童の権利に関する条

表1　社会的養護の原理

①家庭養育と個別化	すべての子どもは，適切な養育環境で，安心して自分をゆだねられる養育者によって養育されるべきである。「あたりまえの生活」を保障していくことが重要である。
②発達の保障と自立支援	未来の人生を作り出す基礎となるよう，子ども期の健全な心身の発達の保障を目指す。そのためにも愛着関係や基本的な信頼関係の形成が重要である。自立した社会生活に必要な基礎的な力を形成していく。
③回復をめざした支援	虐待や分離体験などによる悪影響からの癒しや回復をめざした専門的ケアや心理的ケアが必要である。そのために，安心感を持てる場所で，大切にされる体験を積み重ね，信頼関係や自己肯定感（自尊心）を取り戻す。
④家族との連携・協働	親と共に，親を支えながら，あるいは親に代わって，子どもの発達や養育を保障していく取り組みをする。
⑤継続的支援と連携アプローチ	アフターケアまでの継続した支援と，できる限り特定の養育者による一貫性のある養育をしていく。さまざまな社会的養護の担い手の連携により，トータルなプロセスを確保する。
⑥ライフサイクルを見通した支援	入所や委託を終えた後も長くかかわりを持ち続ける。

約の第3条には「児童に関するすべての措置をとるに当たっては，児童の最善の利益が主として考慮されるものとする」と記されています。

　さらに社会的養護の原理について述べられていますので，それをまとめたものを表1に示します。

　このように基本理念と原理では，子どもにとって大切なことが示されています。では，実際に虐待を受けた子どもたちは，社会的養護の現場でどのように暮らしているのでしょうか。

Ⅲ．社会的養護を受けている子どもたちの「喪失」と支援

1．家族関係における「不在」と「喪失」

　社会的養護を受けている子どもの中には上述したように被虐待経験を持つものが多くいます。虐待が子どもの発達にさまざまな影響を及ぼすことは，多くの研究（坪井，2005など）で明らかになっています。幼少期から適切な養育を受けることができなかった場合，親との良好な関係を築くことは難しく，愛着の問題を抱えて施設入所となる子どももいます。愛着とは，特定

の人物（親などの主たる養育者）との情緒的な絆のことで，対人関係の基礎となるものです。ネグレクト児に関する研究では，発達への影響を愛着形成との関係から論じたものが多く見受けられます。また身体的虐待などの経験をしている子どもの場合，トラウマ（心的外傷）の問題を抱えていることもあります。どのような事情があるにせよ，親からの適切な養育や，愛情欲求の満たされなさ，温かい対人交流体験の欠如，言い換えれば家族関係における「不在」が子どもにとって大きな問題といえるでしょう。

　施設に入所している子どもたちの家族背景はさまざまです。実際に親が病気や事故，自死などで亡くなっているという，文字通り，親という存在そのものの「喪失」を体験している子どももいます。また，親が服役中だったり，行方不明だったりして，実際には会うことができない場合もあります。また親は存在しているものの，虐待やネグレクトを理由に児童相談所などから会うことを止められている場合や，親から会うことを拒否されるという場合もあります。「喪失」というと何か存在していたものがなくなる，という印象があるかもしれませんが，虐待を受けた子どもたちの中には，いわゆる普通の生活であれば，本来得られるはずだったもの（親からの愛情，安心安全な生活，適切な養育など）が，満たされていない場合もあります。心理的な意味で家族関係における「不在」という課題ともいえます。

　児童福祉法第1条で示されている「適切に養育されること」「その生活を保障されること」「愛され」「保護されること」がそもそも得られていない子どもたちも多いのです。これらはより大きな「喪失」と考えられるかもしれません。いずれにしても，家庭や家族から離れて施設に入所する際には，「喪失」や「不在」の問題を抱えていることが少なくないといえるでしょう。

2．社会的養護の現場での子どもの支援

①支援の方向性

　次に，施設における子どもたちへの支援について紹介します。

　施設における子どものケアを考える際には，さまざまな情報をもとにアセスメントを行って方向性を決めていきます。生活担当職員は，生活面での行動観察を行って子どもの様子を把握します。チェックリストなどを用いる場合もあります。心理士は，入所後に子どもとのインテーク面接を行います。児童相談所での心理検査の情報を参考に，必要な場合は施設で心理検査を行

う場合もあります。子どもの特徴を捉え，生活面と心理面における見立てや方針の参考にしてきます。また，保護者の有無，保護者がどんな方か，子どもと面会や外泊等はできそうなのか，等々を含め，だれがどのように家族との関係を支援していくのかについても方向性を検討します。

　入所以前の生活の様子などを尋ねる際には，子どもの心の傷つき，痛みに細心の注意が必要です。たとえ虐待をするような親であっても，子どもにとっては大切な親であることが多いのです。自分がケガをしただけだと，親をかばうような言動をする子もいます。質問をすると「わからない」「知らない」「忘れた」などという場合もあります。虐待を受けてきた子どもたちは非常に警戒心が強く，人を信用できないことも多いので，すぐには心を開けないのも当然でしょう。施設という生活と密着している場でのアセスメントでは，心理職が施設内で顔見知りであることの影響も考えられます。実際には，顔見知りであることを生かして，少しずつ警戒心を解いていきながら，普段の様子と合わせて子どもの姿を捉えることができるよう留意しています。

②安心・安全な環境の保障

　虐待のある環境では，子どもはなかなか安心感が持てないでしょう。親の都合で住居を転々とし，安定した生活を送ってこられなかった子どもや，車中生活をしていた子どもたちもいます。親がいつ帰ってくるのか分からない不安の中で過ごしてきた子ども，いつご飯が食べられるのか分からない状況にいた子どももいます。このように生活基盤が脅かされてきた子どもたちにとって，衣食住の心配をしなくて良い生活が保障され，理不尽な暴力にさらされないということが重要です。その保障がなくては心理的な支援も機能しないといえます。先述したように，日本の社会的養護の基本理念では，「子どもの最善の利益」と「社会全体で子どもを育むこと」が挙げられています。在宅のままの支援でも，施設入所の場合でも基本は同じです。

　児童福祉施設では，「環境療法」という考え方があります。子どもたちの安心・安全を基盤に，生活全体を通して心のケアを行うというものです。その上で，必要に応じて個別の心理療法や心理支援が行われることになります。

　家庭で適切な養育を受けられなかった子どもたちの中には，基本的な生活習慣が身についていない子どもたちもいます。身体を清潔に保つことや，食事のマナーなど，一般的には常識と思われるようなことができない場合もあ

ります。朝決まった時間に起きて（起こしてもらって），ご飯を食べて，遅刻しないで学校に行くというようなことが経験できていない場合もあります。このような子どもたちには，生活の中での配慮が必要となってきます。できないことを叱られるのではなく，基本的なことを丁寧に教えてもらえれば，子どもたちは吸収していくことができると考えられます。基本的生活習慣ができて，生活リズムが整ってくることによって，安定した生活が送れるようになり，自己肯定感や有能感の基礎がはぐくまれてくると考えられます。このように，安心・安全な環境に身を置くことで見えてくる「喪失」に向き合い，支援していくことが大切になります。

　さらに，子ども達の中には，愛着の課題を抱える子どもが多く，家庭での優しく温かい関わりの経験をあまりしてこなかった子どもたちもいます。人とどう接したらよいか分からないため，施設などで職員から優しい関わりをされても，反抗したり，逆に甘えすぎてしまったりすることも見受けられます。施設の中で，子ども一人ひとりの特徴を理解して，丁寧に関わってくれる大人たちがいることで，子どもたちは人との関わりの基本を身につけていくといえます。そのような関わりを元に生活の基盤ができていくことが重要であり，それが心理的な支援にもつながるといえるでしょう。生活の中で自分を尊重された体験が少ない子どもたちが多いので，まずは自分を大切にしてもらう経験の積み重ねがあって，はじめて自分の意思を表現したり，相手の気持ちを尊重したりできるようになるのです。

③心理的なケアの実際

　施設の中での個別の心理支援としては，多くの施設に心理職が採用されてきており，カウンセリングやプレイセラピー等が行われています。ここでは個別の事例を示すことはできませんが，心理療法で出会った子どもたちの一部のエッセンスを少し紹介します。

　例えば，施設に入所した子どもの中には，時間や空間の枠を揺さぶるようなことをしてセラピストを試すようなことをする子どもがいます。いわゆるリミットテスティングです。こんな時，まずは子どもとの信頼関係を作るところに労力を使います。さらにセラピーの中で，「ひとりぼっちの子ども」「差別される子ども」など，虐待やネグレクト状況が再現されることがあります。ままごと遊びで「ご飯を作ってくれないお母さん」への怒りを表現した子も

います。

　虐待を受けてきた子どもたちのセラピーでは，喪失体験や，虐待・ネグレクト状況の再現が示されることがあります（坪井，2008）。その再現をセラピーの中で活かすことが重要になります。例えば，あるセラピーでは，救急車で赤ちゃんが運ばれてきました。ミルクをちゃんと飲ませてもらえていなかった赤ちゃんは，「もうすぐ死にます」と言われました。それでも，セラピストが，医者役のクライエントに，〈何とか助けてください。どうしたらこの子は助かるでしょう？〉と聞くと，「この子は○○が好きなので食べさせてください」「もっと優しく抱っこしてください」などと，看病の仕方を細かく指示されました。セラピストが〈赤ちゃんはどうしてほしいのだろう〉とクライエントに聞きながら，必死でお世話をすると，赤ちゃんはなんとか助かって生き残ることができました。このようにネグレクト状況の再現が示された場合でも，セラピストとクライエントのやり取りによって，セラピーが展開していくことがあります。

　子どもによっては，対象イメージの修正や，攻撃性，衝動性のコントロールといった課題が示されることもあります。親への怒り，あるいは寂しさ，悲しさといった感情，さらに好きなのに攻撃してしまったり，諦めつつも思慕の情が隠せなかったりといったアンビバレントな感情も，セラピーの中で示され，扱われることになります。親からの適切な養育や，愛着関係などの体験の欠如が大きな問題となる子どもたちのセラピーの中で，これまで得られなかったものを再体験していくことは必要なこととして挙げられます。これは，単に欠けているものを補うという消極的な意味ではなく，むしろ子ども自らが，自分の意思で，して欲しいことを表現したり，セラピストとの交流を通して新たに体験したりすること，つまり能動的に体験しなおすことに意味があるということです。先ほどの救急車で運ばれた赤ちゃんのセラピー例のように，クライエント自身が「どうしてほしいのか」を主体的に表現し，それをプレイセラピーの中で体験しなおすことが重要になります。また，実際に親を亡くした子どもの場合では，箱庭にお墓を作ってお参りするセラピーをしたケースもありました。何度もお参りをして「喪の作業」をしながら，親がどんな人だったのかを振り返って，内在化していくことが必要なのだろうと思いました。

　施設ならではの心理支援の特徴としては，心理と生活の多職種連携が挙げ

られます。虐待されて入所してきた子どもの中には，複雑な気持ちを抱えて，生活が荒れるケースもあります。子どもを支援する生活担当職員を支えることも心理職の役割になります。生活担当職員と一緒に，亡くなった親のお墓参りに実際に行った子もいます。保護者の状況によっては一緒に暮らすことを諦めざるを得ない場合もあります。高校卒業まで施設で暮らし，施設を退所しても親を頼れない子どもたちは，自分で生きていかなくてはなりません。幼少期の写真をアルバムに貼ったりする中で，これまでの生活を振り返りながら，気持ちの折り合いをつけていくようになった子どももいました。

　このように虐待などにより施設に入所していた子どもが社会に出て行く際には，自分の人生を自分で生きていけるように，生い立ちの整理を一緒にしながら，自立支援を行なっていくことが必要になってきます。これは施設全体で取り組むべき課題ともいえます。近年は自立支援専門の職員を配置している施設もあります。虐待を受けた子どもたちのケアについては，個別のセラピーだけでなく，生活場面も含めた包括的な心理的支援の実践が，今後も引き続き望まれるところです。

IV．まとめ

　虐待を受けた子どもたちについて「喪失」や「不在」という視点から考えてみました。ここで取り上げた子どもたちの多くは，ご飯がない，服やおもちゃを与えられないといった物質的なことや，親との物理的な分離だけでなく，子どもが育つ基盤になるもの（親との絆，愛情，安心安全な生活，暖かさ，優しさ等々）を得られないままに，社会的養護の環境に来ています。これらを得られないことは，心理的な意味での喪失でもあり，子ども達が自己肯定感や自尊感情，主体性を育むことを難しくさせるでしょう。

　このような子どもたちの支援に必要なのは，単に失ったものを取り戻したり，得られなかったものを補ったりすることだけではありません。子どもたちの苦しみや悲しみに寄り添いつつ，子どもが自ら能動的に体験し，主体的に獲得しなおしていくこと，あるいはその意味を再構築していけるような支援の必要がありそうです。「喪失」してしまったものを，新たな意味づけとともに内在化していく作業も必要になるでしょう。

　子どもたちのケアの目標は，子ども達が虐待などの環境で育むことができ

なかった，あるいは喪失してしまった「主体性」を回復していくことである
といえます。逆境的な養育環境にあった子どもたちにとって簡単なことでは
ないと思いますが，彼らが自分の人生を自分のものとして歩めるように支援
していきたいと思います。

　　文　　　献
厚生労働省新たな社会的養育の在り方に関する検討会（2017）新しい社会的
　　養育ビジョン．https://www.mhlw.go.jp/file/05-Shingikai-11901000-
　　Koyoukintoujidoukateikyoku-Soumuka/0000173888.pdf（アクセス日 2022 年 4
　　月 27 日）
厚生労働省子ども家庭局家庭福祉課（2022）社会的養育の推進に向けて．https://www.
　　mhlw.go.jp/content/000833294.pdf（アクセス日 2022 年 4 月 27 日）
坪井裕子（2005）Child Behavior Checklist/4-18（CBCL）による被虐待児の行動と情
　　緒の特徴―児童養護施設における調査の検討．教育心理学研究，53(1); 110-121.
坪井裕子（2008）ネグレクト児の臨床像とプレイセラピー．風間書房.

第4章

筋ジストロフィーという慢性難病を
抱えること

井村　修

Ⅰ．筋ジストロフィーという病気

　荒井（松任谷）由美の『ひこうき雲』という1973年に作られた曲があります。宮崎駿監督の映画『風立ちぬ』の主題歌です。「誰も気づかず　ただひとり　あの子は昇っていく…（中略）…空をかけてゆく　あの子の命はひこうき雲」というものです。死がテーマの曲だと誰もが想像できるでしょう。『風立ちぬ』の映画から戦争に関連した曲と思われがちですが，松任谷（1984）によると，この曲にはモデルがいて，それは荒井の小学生時代の同級生の男の子で，筋ジストロフィーを患っていました。彼は高校1年生で亡くなったそうです。今から50年ほど前には成人式を迎えられない青年が多くいました。現在では医療の進歩により彼らは，以前より長く生きられるようになりました。しかし制限の多い療養生活には多くの心身の課題があります。

　戸田（2017）によると，筋ジストロフィーは，骨格筋の壊死・再生を主病変とする遺伝性疾患で，50以上の原因遺伝子が解明されてきています。代表的な病型としては，デュシェンヌ型筋ジストロフィー，筋強直性ジストロフィー，肢帯型筋ジストロフィー，福山型先天性筋ジストロフィーなどがあります。筋の蛋白質力が低下し運動機能が障害を受ける筋肉の病気ですが，原因となる遺伝子は異なり単一の疾患ではありません。ここでは筆者が関わってきた，デュシェンヌ型筋ジストロフィーと筋強直性ジストロフィーについて取り上げることにしました。

　筋ジストロフィーは指定難病です。2021 年 11 月の時点で, 厚生労働省は338 の疾患を指定難病として認定し, 難病医療費補助制度の適用を行っています。難病とは, 厚生省（1972）の「難病対策要綱」によると, ①原因不明, 治療方針未確定であり, かつ, 後遺症を残す恐れが少なくない疾病, ②経過が慢性にわたり, 単に経済的な問題のみならず介護等に著しく人手を要するために家族の負担が重く, また精神的にも負担の大きい疾病と定義されています。しかし半世紀がたち, デュシェンヌ型筋ジストロフィーも筋強直性ジストロフィーも, 原因不明ではなくなり責任遺伝子が確定されています。すなわち病気の原因は明らかになったのです。しかし治療法は未確立で, 患者さんや家族の負担は大きいため, 身体的治療のみならず心理的支援も求められています。

　デュシェンヌ型筋ジストロフィーは, X 染色体の Xp21.2 という遺伝子座に異常が起き適切なタンパク質が産生できないため, 筋肉が壊死・萎縮していく病気です。X 染色体の異常のため男児のみに発症します。幼児期までは病気の進行より筋肉の発達が上回るため, 運動機能の低下は著しくありませんが, 転びやすかったり速く走れなかったりします。小学校の中～高学年になると立ち上がりや歩行が困難になることが多いのです。われわれは筋肉を使い生活しています。移動だけでなく, 呼吸や嚥下にも筋肉が必要です。したがって筋力が低下すると, 呼吸が困難になったり食べ物の咀嚼や嚥下ができなくなったりします。以前は, 呼吸不全や心不全により, 20 歳前後に亡くなる人が多かったのですが, 人工呼吸器の使用や心不全の効果的な治療により, 現在では平均余命が延伸し 40 歳をこえる人も見られるようになりました。そこで制限された生活の中で, 彼らの QOL をいかに保つかが課題となっています。

　日本神経学会（2020）によると, 筋強直性ジストロフィーには, 筋強直性ジストロフィータイプⅠと筋強直性ジストロフィータイプⅡの 2 つの疾患があります。タイプⅠが 19 番染色体の 19q13.32 という遺伝子座の異常で, タイプⅡは 3 番染色体の 3q21.3 という遺伝子座に異常があります。タイプⅠは 10 万人当たり 7 人と筋ジストロフィーの中では多い病型です。タイプⅡは日本では 1 家系のみで, 欧米では比較的日本より多くみられます。原因となる遺伝子は異なりますが, 筋のこわばりや萎縮という症状だけではなく, 内分泌異常, 白内障, 心伝導障害, 中枢神経障害など多様な病状を示すのは

共通です。発症の時期はさまざまです。出生時にすでに筋力低下の見られる先天型，幼（若年）型，成人型，遅延発症型（60代以降に発症）に分けられます。筋強直性ジストロフィーは進行性ですが，デュシェンヌ型筋ジストロフィーより緩徐であり平均寿命も長いのです。就労している人も多く，高度な専門職に就いている人もいます。難病情報センター（2009）によると平均寿命は55歳程度です。

Ⅱ．病を知るということ

　がんは不治の病ではなくなりつつあり，患者さん本人への告知も行われるようになりました。告知のメリットは，恒藤（1999）は，①患者の自己決定権を最大限に尊重することができる，②患者が納得して治療を選択することができる，心と心が通い合うコミュニケーションができ，半信半疑から脱却できる，③医療従事者との信頼関係を築き高めることができる，④残された人生を有意義に過ごすことを目指すことができる，などをあげています。しかし，告知は病の現実に直面させることになり，患者さんの心理的衝撃は大きく不安や抑うつを引き起こします。したがって単に病名や病態を説明することが告知ではなく，患者さんやその家族の状況を配慮して行う必要があります。バックマン Buckman, R.（1992）は，がん告知のコンセンサスとして，①面談の環境を整える，②患者自身が自分の病気をどの程度知りたいか理解する，③病気の診断，予後，詳細について患者がどの程度知りたいか理解する，④患者の希望や反応にあわせて情報を共有する，⑤患者の感情に応答する，⑥計画を立てて完了する，という6つのステップを提案しています。これらの原則は，筋ジストロフィー患者さんにおける告知でも，重視すべきステップと考えられます。

　医療においては近年インフォームド・コンセントが重視されるようになり，患者さんの治療への積極的関与と主体的な選択が求められています。医療者の指示に従う「コンプライアンス」から，治療方針に積極的に関与する「アドヒアランス」，さらに共同治療者としての「コンコーダンス」への流れです。そのためには医療者は，病気の適切な説明と治療方針の明示，想定されるリスクや治癒率についても患者さんに説明しなければなりません。しかし，デュシェンヌ型筋ジストロフィーにおいては，幼少期に診断されることが多

く患児自身は自分の病気についての認識が明確でありません。したがって告知は親に対して行われ、患児が思春期近くの年齢になり病気への関心や意識が高まった時点で、病気の説明が求められることになります。

　井村ら（2016）は、筋ジストロフィーの成人患者さん13名（12名はデュシェンヌ型筋ジストロフィー、1名はメロシン欠損型筋ジストロフィー）の協力で、自身の告知体験と望ましい病気説明に関するインタビュー調査を行いました。年齢の範囲は18歳から46歳で、平均年齢は32歳でした。全員男性でした。自身の病気を知った時期としては、覚えていない1名を除き中学生以下で小学校5〜6年生ころ（4名）が最も多数でした。告知は医師からが最も多く（8名）病名や病態の説明を受けていました。両親から（4名）、周囲の状況から（4名）となっていました。また1名はテレビを見てと回答していました（複数回答可のため合計は13名を上回る）。病気の説明を受けたり、自覚したりした時の心理としては、心配になった人と実感がわかなかった人の割合がほぼ半数ずつでした。望ましい告知の在り方としては、事実をきちんと伝えるべきだが、伝えるタイミングや当事者の心理に配慮して欲しいというものでした。

　さらにこれら13名の患者さんのうち、8名の患者さん家族とのインタビュー調査も実施しました。親からの情報では、自然と周囲の状況から（4名）、医師ら（2名）、親から（2名）という告知に関する結果でした。望ましい病気の認識方法としては、医師や親から（4名）、周囲の状況から自然に（4名）は半々でした。親子で、病気に関する認識の時期や方法、それから望ましい病気の伝え方に相違がみられました。成人患者さんは自身の体験を振り返り、「人生設計のためには比較的早い時期から病気の説明を受けたほうが良い」と回答していましたが、親は「周囲の状況から自然と」と願う人が半数いて、患者さんの心理的負担に配慮していることが明らかになりました。確定診断時の患児への病気の説明は限定されますが、思春期以降では彼らの積極的治療への参加、将来の人生設計を考えると適切な病気の説明が求められることになります。デュシェンヌ型筋ジストロフィーの告知で困難な点は、遺伝子治療をはじめさまざまな研究が進んではいますが、現在のところ根治的治療法がないことです。

Ⅲ．筋ジストロフィー患者さんの生活

　デュシェンヌ型筋ジストロフィーと筋強直性ジストロフィーとでは，発症年齢，病気の進行度，症状などで大きく異なるので，項目を分けて説明することにします。

1．デュシェンヌ型筋ジストロフィー

　以前は，筋ジストロフィーの治療を行う国立病院に隣接した，養護学校（現在の特別支援学校）に在籍する子どもたちが多くいました。しかし近年では学校のバリアフリー化も進み，自宅から通える学校を選択する家族が増えています。幼稚園のころからつまずくなどの症状が出始め，小学校高学年で歩行が困難になり，中学校に入るころには電動車いすを使用することになります。高等学校で特別支援学校の選択をする人が増えますが，地域の高等学校に通っている人もいます。特別支援学校の高等部では，他の高等学校と同じ教科を学び，運動会や修学旅行などの学校行事もあります。筆者の関わってきた特別支援学校では，電動車いすを使ったリレーやサッカーなどを体育の授業として行っています。筆者も参加したことがありますが，彼らの巧みな電動車いすの操作にはとても太刀打ちできませんでした。

　電動車いすの開発は1980年代の末に始まり，1995年に日本では商品化されたといいます（ヤマハ，2022）。指先を動かせれば電動車いすは操作できます。電動車いすが彼らの行動範囲を広げたのは言うまでもありません。それからもう一つ彼らの生活を劇的に変化させたのは，パソコンとネット環境の発展です。パソコンは彼らにとって，重要なコミュニケーションのツールであり，買い物や知識や情報を得る手段にもなっています。したがって特別支援学校では，情報リテラシーを高める教育に力を入れています。特別支援学校対抗のロボットプログラミングの全国大会もあります。高等学校卒業後は，大学に進学する人もいますが，家庭で療養生活を過ごす人もいます。残念ながら就職の機会は限られていますが，情報処理技術者の資格をとり就業する人もいます。20代に入ると人工呼吸器を利用する人が出始めます。初期は夜間だけマスクを装着し呼吸の補助を受けますが，自力での呼吸機能が低下してくると気管切開を行いより積極的な人工呼吸治療に入ります。気管切

開をすると発声が困難になります。しかし慣れてくると人工呼吸器の気流を利用してしゃべれるようになります。このころになると在宅での療養が困難になり，筋ジストロフィーの療養病棟に入院する人が増えます。誤嚥による肺炎を防止するため胃瘻（いろう）を設置する患者さんもいます。

2．筋強直性ジストロフィー

　デュシェンヌ型筋ジストロフィーは，年齢とともに同じような症状や問題の経路をたどりますが，筋強直性ジストロフィーは発症年代や症状の現れ方は個人により異なります。出生時から筋力低下の見られる先天型は，重篤な知的障害を伴う場合もあります。それから幼（若年）型，20歳以上の発症は成人型，60代以降だと遅延発症型に分けられます。遅延発症型の場合生活の支障はあまりありません。主症状は病名のごとく筋の強直（こわばり）です。例えば手をぎゅっと握ると即座に開くことができません。歩行を開始しようとしてもスムーズに踏み出せないといような症状が共通です。このためペットボトルの栓があけにくかったり，つまずいて転倒したりするような生活上の支障があります。また白内障や内分泌の異常，心伝導障害，中枢神経障害などの合併症があります。運動機能は加齢ともに徐々に低下していきますが，デュシェンヌ型筋ジストロフィーの進行より緩徐です。疲労感や昼間の過度の眠気を訴える人が多く，抑うつや発動性の低下が認められる人もいます。また認知機能の低下も報告されていて，中枢神経障害との関連が指摘されています。就労している人，在宅で療養している人，入院して療養している人と生活はさまざまです。

3．生活について

　入院患者さんにとって療養病棟は我が家です。食事に入浴，病棟での行事は彼らにとって楽しみです。また外出やパソコンでのゲームやドラマの視聴も生活を潤すものです。しかし運動機能が低下すると，日常生活の多くを介護者の手にゆだねることになります。夜間の寝返りすら援助を求めることになるのです。うまく姿勢を整えてもらわないと，シーツのしわも痛みの原因になると語った患者さんもいました。筆者の知人の又吉（2010）は川柳集を自費出版しています。川柳集のタイトルは『我が家』です。彼のユーモアあふれる川柳は，彼らの療養生活を理解する一助となるでしょう。《　》は又吉

自身による解説です。

美味いよと　酸素混じりの　空気吸う
《食事も美味い，空気は更に美味いのです。》

一日に　食事ぬいても　息ぬくな
《食事は遅かろうが，一食ぬこうが我慢できます。息は三分，いや一分しか我慢できません。》

朝ご飯　途中で止まり　眠り姫
《早朝，眠いのは職員も一緒。箸持つ手が止まり，顔を見上げるとコックリ，目はうつろ。ご苦労様です。》

後五分　寝返り打つのを　ジッと待ち
《寝返りをうつ時間が決まっているので，職員が来るまで待ち遠しい時があります。》

我が家では　冬と共に　暑くなる
《夏場は暑い，冬場は暖房で更に暑い我が家です。》

我が家来て　お喋り対局　有り難し
《囲碁対局の相手として，ボランティアの皆さんに来てもらっています。お喋りも楽しみの一つです。》

IV. 筋ジストロフィー患者への心理支援

　国立病院機構刀根山医療センターで，入院または通院しているデュシェンヌ型筋ジストロフィーの青年期の患者さんを対象として，サポートグループを2017年から始めました。この病院は筆者の研究フィールドでもあります。提案者は神経内科のA医師で，「デュシェンヌ型筋ジストロフィー患者さんは高等学校を卒業すると，在宅療養を選ぶ人が多く同年代の仲間との交友が乏しくなるので，彼らが定期的に集まり交流できる機会を作っては」という提案でした。神経内科のB医師，C心理療法士，大学院生Dさんと筆者が主なスタッフとなり，参加希望者を募りグループをスタートさせました。半年を1クールとして3年間で6クール実施しました。同一のクール内ではメンバ

ーを固定しました。月に1回病院の患者サロンに集まりグループ活動を行いました。筆者が当初ファシリテーターになりました。5名のメンバーから始め，その後5名が加わりましたが，2名は健康上の理由で中断となりました。

　さまざまなことが話題となりました。自己紹介に始まり，趣味ややってみたいことが語られました。「もし3億円の宝くじが当たったら？」というテーマも取り上げられたことがありました。海外旅行に行きたい，バリアフリーの家を購入したい，どこへでも行けるように車を改造したい，結婚したいなどの夢が語られました。またグループの回数が進むにつれ，介護者との関係の悩み，外出時での苦労や失敗談が語られることが増えてきました。しかしあるセッションの終了後，長期入院中のあるメンバーが「今日の話にはついていけなかった，今後グループを続けるかどうか分からない」とC心理療法士に語りました。このメンバーは，軽度な知的障害があり，発言数も少なく言語化に困難さを抱えていました。スタッフでこのメンバーの発言を共有し，次回のグループで彼の気持ちを取り上げ相談することにしました。その結果，話し合うテーマをメンバー全員から聴取し，各自の問題意識を平等に取り上げることになりました。継続を迷っていたメンバーも「自分はみんなの話を聞いているだけでも楽しい，これからも続けたい」と語りました。その後，このメンバーの発言を促すようなかかわりやじっくり彼の話を聞こうとする他のメンバーの態度が増えました。

　セッションが進むにつれ，メンバーの積極的発言が増えてきて，ファシリテーターの筆者に代わり，メンバーが司会役や記録役を決めてグループを運営するようになりました。近況報告で始まり，楽しみにしていることや困っていること，悩んでいることが語られました。楽しいテーマと悩みなどに関するテーマの比は，大まかですが4：1ぐらいと思われます。病気の進行や死に関するテーマはほとんど語られませんでした。しかし入院していたメンバー1人が亡くなられた時，彼の思い出を残すためのアルバム作成することが提案されました。そして彼の分まで生きて行こうということが語られました。彼らは常に病気の進行や死におびえながら生きているわけではありません。仲間と交流し人生を楽しみたいと考えています。しかし同病者の死や自身の健康状態の悪化に直面すると，彼らの不安や悩みが意識化されるものと考えられます。このようなグループにおいて，療養生活に関する情報の共有やメンバー同士の心理的サポートは，彼らのメンタルヘスのためには有益だ

と考えられます。心理専門職の筋ジストロフィー病棟での役割として，個別のカウンセリングだけでなくグループの運営も重要でしょう。その後，新型コロナウイルス感染症の問題のため，病院の患者サロンでの開催ができなくなりました。メンバーらからオンラインでのグループ活動継続の希望があり，スタッフによる運営から彼らの自主的なグループに移行しました。

　筋ジストロフィー患者のグループの運営で注意すべき点は，まず安全性の確保の問題があります。参加者の中には気管切開をして，人工呼吸器を使用している患者さんもいます。われわれのグループでは，緊急時にそなえB医師がスタッフに加わっていました。心理師だけでなく，医師や看護師が運営に関与することが必要です。次に大事なことは，メンバーの多様性への配慮です。家族形態，生活状況，認知機能がメンバー間で異なります。各メンバーのバックグラウンドを理解し，どの参加者もある程度満足できる運営やスタッフの目配りが必要です。最後に，メンバーの主体性を重視するスタンス，すなわち彼らのアイデアや意向を生かす援助が求められます。

V．心理専門職の役割

　筋ジストロフィー患者さんとその家族は，病気の進行やライフサイクルにより，さまざまな選択と決断を求められます。たとえば患児にどのように病気を説明するか，医療と教育の問題，特別支援学校か地域の普通校か，いつ車いすに移行するか，在宅療養か入院療養か，気管切開と人工呼吸を始める時期，誤嚥予防のため胃瘻を設置する時期などです。運動機能の低下は散歩したり，外出したりする楽しみを奪います。人工呼吸器を使用すれば延命が期待できます。しかしそれは人工呼吸器に命をゆだねることになります。延命すると家族に介護の負担をかけると悩む患者さんもいます。胃瘻の手術は肺炎のリスクを回避できますが，食事の楽しみを喪失することを意味します。筋ジストロフィーの患者さんは，制限された生活の中で長期の療養生活を送ることになり，身体的な治療に加えて心理的なサポートが求められています。国立病院機構では心理療法士という職名で心理の専門職が雇用されています。

　井村ら（2016）は，筋ジストロフィーの療養介護病床を有する国立病院機構の27施設にアンケートをメール配信して回答を求めました。アンケート

は，回答者の属性，勤務経験や内容，自由記述から構成されていました。10施設 12 名より回答がありました。7 施設は対象者なし。無回答は 10 施設でした。回答者は 20 代 1 名，30 代 6 名，40 代 4 名，50 代 1 名で，男性 2 名，女性 9 名でした。常勤 6 名，非常勤が 6 名で，平均勤務期間 4.8 年（3 カ月から 24 年）でした。10 名が他の職場の経験がありました。臨床心理士が 11 名，公認心理師受験希望 11 名（当時）でした。職務内容は，個別面接が 40.3%と最も多く，次が心理検査で 21.5%，その次が他の診療科の仕事で 25.4%でした。これは 4 名が兼務のためと考えられます。割合は低いが，スタッフへのコンサルテーション，カンファレンスの運営や参加，研究，遺伝カウンセリングなどもありました。それに対し，保護者相談や入浴などの生活支援は回答がなく，心理療法士の職務内容の枠は比較的明確でした。平均担当患者数 4.9 人，心理検査数 12.8 件（月）でした。心理検査では，MMSE（ミニメンタルステート検査）や FAB（前頭葉機能検査）などの認知機能の検査が多く，バウムテストや SDS（うつ性自己評価尺度）などの検査は少なかったです。筋ジストロフィーの療養介護病床では，個別面接と心理検査が主な心理療法士の業務でした。しかし施設により，業務内容の偏り（面接か検査）が大きかったです。自由記述では，面接構造の工夫，他職種の連携，告知時からの心理支援への関心などが記載されていました。

　公認心理師法が 2015 年に制定され，2018 年に第 1 回の試験が実施されました。これまで 5 回の試験が行われ約 5 万 6 千人の有資格者が誕生しています。先進国で心理の国家資格がなかったのは日本だけでした。医療現場の専門職はみな国家資格です。心理の専門職もようやくスタートラインに立ちました。国家資格以前も心理職は精神科や心療内科では雇用されていました。近年では小児科や産科，緩和ケア病棟，ICU などに勤務する心理職も増えてきています。筋ジストロフィーの療養介護病床の心理職も身体科における新たな職域でしょう。患者さんの個別カウンセリング，心理検査，集団療法，コンサルテーション，ケースカンファレンスなどでの貢献が期待されます。多職種連携の中で心理職の独自性を発揮すること，すなわち支援対象者の心理的アセスメントと支援方針の明確化により，筋ジストロフィー患者さんのQOL の向上，医療スタッフや家族の心理的ストレスの低減などが専門職としての重要な課題でしょう。

文　　　献

Buckman, R.(1992)How to Break Bad News: A Guide for Health Care Professionals. Johns Hopkins University Press.

井村修・大野真紀子・藤野陽生ほか（2016）筋ジストロフィー病棟における心理的援助．脳と発達，48（学術集会号）；S331.

厚生省（1972）難病対策要綱．https://www.nanbyou.or.jp/wp-content/uploads/pdf/nan_youkou.pdf（アクセス日2022年5月10日）

又吉辰也（2010）我が家（川柳集）．私家版．

松任谷由実（1984）ルージュの伝言．角川書店．

難病情報センター（2009）https://www.nanbyou.or.jp/entry/529#:（アクセス日2022年5月10日）

日本神経学会監修（2020）筋強直性ジストロフィー診療ガイドライン2020．南江堂．

高田紗英子・井村修・藤村晴俊ほか（2011）筋ジストロフィーという病気のよりよき説明の仕方と受容過程に関する臨床心理学的研究―成人患者のインタビューから．In：筋ジストロフィーの集学的治療と筋天下に関する研究（厚生労働省精神・神経疾患研究開発費）．

戸田達史（2017）筋ジストロフィー・筋疾患―最近の進歩．医歯薬出版．

恒藤暁（1999）最新緩和医療学．最新医学社．

ヤマハ（2022）ヤマハ電動車いすの歩み．https://www.yamaha-motor.co.jp/wheelchair/history/chronological-table/（アクセス日2022年5月10日）

第5章

失業と生活困窮
彼は「何を失った」と語るのか

山本智子

Ⅰ．はじめに

　「仕事，くびになって。でも，失ったものは金ばっかじゃないんですよね，
それが」

　これは，私が調査研究や心理相談員として月に数回訪れている施設とは別
の就労継続支援B型の事業所を利用している30歳代後半になる男性が語っ
た言葉です。彼を仮に太郎さんとよびます。太郎さんとはある就労支援に関
するイベントを通して知り合い，私が他の施設で心理相談員をしていると知
り話を聴かせてくれました。
　太郎さんはもともと東北地方の出身でしたが，18歳の時に上京し東京で仕
事を始めました。その頃は，自分の人生を「なんとかなるさ」と考えていた
そうで，「ちょっと稼いでいっぱい遊ぶ」「選ばなきゃ仕事はある」と，あえ
て正規雇用に就くことなく，ずっとアルバイトを転々としてきました。ひと
つの場所に縛られることが性に合わなかったからというのもありました。仕
事内容も，建設，清掃，飲食と一定したものではなかったので何かのスキル
を身につけることもありませんでした。そして，最後に勤めたのが居酒屋だ
ったのです。それが，この新型コロナ感染拡大のあおりを受け店を閉めまし
た。新しい仕事を探したのですがどこも不景気で雇ってもらうことはできな
かったそうです。貯金もなかったので，アパートの家賃も滞納するようにな
ってきました。そのため，あちこち仕事を探して歩いたのですが，だんだん
と精神が不安定になってきたのがわかったそうです。そんなある日，太郎さ

んは近所のビルから飛び降りたのです。「何もかも嫌になって，衝動的にビルから飛び降りちゃったんですよね。この通り，命には別条はなかったんですけど，ちょっとね」と言うので「命，あって良かったです。本当に」と思わず言ってしまいました。太郎さんは飛び降りたときに，両足を複雑骨折し今までのように歩くことが難しくなった。頭も強く打ったため，今までのように物事をクリアに考えることが難しくなったり，記憶も飛んだりするようになったと言いました。飛び降りたときの後遺症だと医者は診断したそうです。うつも発症していたらしく，「うつ病」という診断ももらい，精神障害者保健福祉手帳の申請も行いました。身体的にも精神的にも困難を抱え「これからの人生どうやって生きていったらいいのか」と半ば自棄（やけ）になっていた時，ネットカフェで知り合った人から大阪の西成では厚い支援が受けられると聞いて1年前に西成にやってきたのです。現在は生活保護を受けながら就労継続支援B型事業所を利用しています。

　生活保護と聞くと「貧困」という言葉を連想するかもしれませんが，受給者の話を聴くと一概にそうだとはいえないと思うことがあります。たとえば，精神障害がある高齢の男性から聞いた話ですが，人によってその額は違うそうですが，高齢になった彼は公園管理の仕事をしながら，「家賃扶助も含めて，生活に足らずの分をもらってる」と言います。安いアパートに住んでいますが一人暮らしなので不自由もなく，自炊するので食費にもそれほどお金もかからず，週に1度はビールも飲んでいるし，そこそこの生活ができている」「少ない時間でも公園管理の仕事があるし，自分が世話した花とかきれいに咲くと嬉しいし，結構幸せに暮らしている」と語っていました。外側から見たときには，確かに西成＝貧困というイメージがあるのかもしれませんが，時代も変わり，セーフティネットも充実しており，西成が貧困地区だといわれることに西成を内側から体験している人たちは「ちょっと違うぞ」と思っていることも少なくはありません。

　こういう話を聴くたびに，人によって「お金に対する意識」がかなり違うのだなあと思います。たとえば，豪華客船で世界一周旅行をしたいと思っていたり，高級な外車を何台も乗り回したりすることを幸せだと思っている人と，食べること，寝る場所に困らず，なんとかやっていけることを幸せだと感じている人が，同じように失業し収入が閉ざされたときに感じる喪失感や絶望感にはかなりの違いがあると思うのです。私が出会う生活保護受給者の

人は「ニュースなんかで親子で餓死っていうのを聞くと，嫌かもしれんけど，なんで生保を受けなかったんかなって残念に思う」「死ぬ気になって生きてて欲しかった」と自分の境遇を顧みながらそう語ることが多いです。彼らが語った「嫌かもしれんけど……」という言葉は，公的扶助に対する世間の偏見に耐えなくてはいけなかったり，自治体によっては親兄弟に連絡をし「あなたが扶養するわけにはいかないのですか」などの聞き合わせがあるため迷惑を掛けることを申し訳なく思ったりするのです。また，「働き口があるなら本当は自分で食べていきたいのに（それができないから仕方ない）」と思っていることを意味していたりします。太郎さんも身体的・精神的に困難を抱えながらも「生活保護を打ち切っていつかは仕事をしたい」と語っていました。

> 「今は生活保護をもらっているから生活には困らないけど，何かやっぱりできる仕事がないかって，ハローワークに何度も行くんだけど，難しいね」

　太郎さんは一人で，あるいは利用している事業所の職員と一緒に頻繁にハローワークの窓口を訪れています。しかし，ハローワークの職員の説明が丁寧でないと感じたり，理解できなかったりすると，思わず怒鳴ってしまったりして自己嫌悪に陥ってしまうときもあるといいます。ハローワークの職員からも距離を置かれているように感じてさらにイライラしてしまうそうです。そんな時は「あのまま死んでいた方が良かった」と思うことがあるそうですが，太郎さんはそれでも「仕事がしたい」と思っているので探し続けています。ここでは，冒頭で太郎さんが語った「失ったものは金ばっかじゃないんですよね，それが」という言葉が伝えようとする意味を聴いていきたいと思います。

II．公的扶助を受けること

1．昨今の状況が突き付ける「生活への不安」

　私は，大学で学生たちに授業の中で「障害とは何か」を教えていますが，現場の声を伝えたいと思い，大阪市西成区にある障害者自立支援施設でフィールドワークをしています。施設を利用する知的障害や発達障害がある人との面談や実際に活動している場所の中で，彼らが抱えている「生きにくさ」

を生じさせている困難に対して具体的に対応したり，その困難さを施設に繋いでいくということが主な仕事です。たとえば，彼らが過ごしやすいような環境や人的な調整を始めとして，利用する人たちが「自分の人生を生きていく」ためのさまざまな援助をしていますが，比較的大きなその施設には障害がある人たちだけではなく，被虐待児・者や触法，精神障害がある人々など多様な困難のある人が利用しており，就労移行支援や就労継続支援A型，B型の事業所もあるので彼らが就職支援や地域で生きているための援助もしています。ここを利用する人々も太郎さんと同じように公的扶助を受けながら，就職に向けて頑張っているのだが，近年の世界的な感染状況からなかなか就職先がみつからないのも事実なのです。

　こういった状況になる前であっても，障害がある人たちにとっての就労は困難な場合が少なくありません。これは新型コロナ感染拡大の前から，就労を支援する事業所に突き付けられた課題です。たとえば，せっかく採用されたとしても，相手都合あるいは自分都合で継続した就労が困難であったりするのです。そして，多くの人が就労支援の事業所に戻ってくるのです。就労定着を目指して，事業所の職員も本人と職場を繋ごうとするのですが，なかなか簡単にいかないことも多いのです。

　2020年からは，障害がある人もない人も本格化した新型コロナ感染拡大の影響で，解雇や雇止めが増加し多くの人が職を失ったといわれています。特に障害がある人はまっさきにその対象となったかもしれません。たとえ，政府からの助成金があったとしても，生活が立ち行かず将来に不安を抱えた人も少なくないでしょう。

　厚生労働省の統計によるとコロナ禍が経済に与える影響は大きく，私が住む地方都市でも多くの飲食店が閉店に追いやられ，観光地の商店街もシャッターを下ろしたままです。いつ再開できるかの見込みもないまま，職を失った人たちは次の仕事を探してハローワークの窓口に並んでいます。生活保護を申請する窓口にも多くの人が申請に訪れていると聞きます。特に，太郎さんのように非正規雇用の人々は経営悪化から真っ先に解雇され，ある日突然，仕事もお金も住まいも失って途方にくれる状況に追い込まれてしまうのです。こうした状況の中で，経済的にも精神的にも限界を迎え，将来に絶望し，誰にも助けを求めることなく自ら命を絶つ人も出ていると聞きます。

2．「帰りたいけど帰れない」

　太郎さん「出身は東北っていったじゃないですか。帰りたいんですよね，やっぱり。大阪はなじみがなくて。できれば東北に帰って農家しながら暮らしたいと思うけど……それはできないんですよね。親や親戚は『帰ってくるな』って言うし」

　私「帰ってくるなとおっしゃるんですか？　それはどうしてなんですか」

　太郎さん「うちの田舎では生活保護受けてるなんてちょっとした恥で。人には言えないでしょう。だから，生活保護を打ち切って，仕事ができるようになるまでって。それは当たり前なんですよね，ある意味」

　太郎さんは「生活保護を受給しているから，仕事がないから故郷に帰ることができない」「親に恥をかかせてはいけない」と思っていました。公的扶助である生活保護はその人が住む自治体の福祉事務所が管理しているので，故郷に帰ればそこで申請もし直す必要があります。無職のまま故郷に帰り，生活保護を申請することによって「親に恥をかかせたくない」とためらっているのでしょう。金子（2017, p.112）によると，貧困・公的扶助研究の中では，生活保護などの公的扶助制度そのものがスティグマを強化する重要な要素になっていることに注目してきたといいます。さらに，公的扶助の前身である「救貧制度」は歴史的に貧困者を取り締まったり罰を与えたりする治安対策の制度であり，彼らに恥辱感を与えるのと引き換えに救済を行う制度であったと述べています（金子，2017, p.113）。その当時に比べると，内容はかなり変化してきているとはいえ，いまだにこうした側面が完全に無くなっているとはいえないのでしょう。特に，人々の意識の中にはこの当時の考え方が深く根付いていることもあるのです。しかし，生活に困っている人がこうした公的扶助を受けることは本当に「恥」なのでしょうか。

3．「困っているんやもの。恥ずかしいとは思わない」

　解雇されることはたちまち生活に困る人々があふれ出ることにもつながります。そのため，ここで少し「公的扶助（生活保護）」の話をしておきます。西成区は大阪市にある他の区に比べ生活保護受給者の数が多いといわれています。この理由について西成に暮らす人々に聞いてみると，「決して，他の

ところに比べて生活保護の受給が簡単だということはなく，ただ，生活保護に対する意識の違いがあって，困っているときには行政に助けてもらうことを『恥ずかしい』と思う人が少ないからじゃないかな。本当に困っているんやし」と語ります。また生活保護を受け付ける福祉事業所のケースワーカーについても，「ケースワーカーは親身になってくれるんよな」「親族とは疎遠で助けてもらえないといえば信じてくれる」といった人としての温かい対応をしてくれるそうです。そのため，失業し生活困窮に陥った場合は福祉事務所に助けを求めることを躊躇しないと語ります。彼らの話によると，西成では，金子（2017, pp.272-273）が指摘しているような申請者「困っている当事者」とケースワーカー「制度の履行者」の間の力関係やそれぞれの立場や視点をはっきりと分けて対応しているのではなさそうです。受給者に話を聴くと，申請者も福祉事務所もそれぞれが「当事者」の立場に立って「困りごと」に対して一緒に向かい合ってくれていると感じるといいます。こういった関係性が，西成での生活保護受給率の高さに影響している一つの要因となっているかもしれないと思います。

　また，生活保護受給者への偏見がメディアなどで取り上げられることもありますが（そういう人も確かにいるのですが），すべての人が生活保護費でパチンコに行ったり楽して暮らそうと考えていたりするわけではありません。さらに，生活保護受給者は世代間で伝達し，「祖父母，両親が生活保護で生活してるのに，なんで私／僕が働かなくちゃいけないんだ」と考えている若者がいて，それこそが「教育の貧困」と称されることがあります。しかし，実際に一人ひとりに話を聴いてみると，確かにそう思っている若者もいますが，「生活保護，もらうんは別になんともないけど，できたら働きたいに決まってる」「仕事したいよ。仕事するんはお金の問題だけじゃないやろに」と答える若者の数も少なくないのです。そのため，「格差の連鎖を断つためには」「どうやって食べていくのか」についての「反貧困教育」も熱心に行われています（大阪府立西成高等学校，2009）。私が調査や心理相談をしている施設を利用する生活保護受給者のほとんども「困ったときには助けてもらって，なんとかなるようになったら自分から打ち切りたい」といいます。彼らは生活保護で生活するよりも，働けるものなら働きたいと思っているからです。働くことによって自分も社会の一員で何かの役に立っていると感じることができるからだと思います。

Ⅲ.「必要とされていないこと（居場所がない）」の苦しさ

　「仕事をせずに生活できたらどれほどいいだろう」と思っている人はたぶん仕事をしている人でしょう。自立支援施設の職員から聴いた話ですが，たとえ時間が掛かろうが，後からやり直しをしなくてはならなくなったとしても，なるべく利用者ができることは手伝ってもらっていると語っていました（山本，2016）。障害があってもなくても，人は自分の力を使って「誰かの何かの役に立つこと」は嬉しいことではないでしょうか。太郎さんがなぜ思いどおりにならない身体や精神を抱えながら，必死に仕事を探しているのかについての語りの中にも「誰かの何かの役に立つこと」を求め，それによってはじめて自分の存在を肯定できると考えている姿がみえます。

　　　「電車乗っても，この辺を歩いていても，人，人，人で……ほんと疲れる。そんだけ人があふれてたってしても，結局，僕は一人じゃないですか。ただ，通り過ぎるだけ？　いないのと同じですよ。僕は誰もみていないし，誰も僕をみていないって感じ？　かえって『ひとりっぼっち』ていうのを思い知らされるっていうの？　『居場所』もない無職の男が誰からも相手にされることなくそこにいるだけ。じゃないですか？」

　太郎さんは現在，就労継続支援Ｂ型の事業所を利用しているので，その場所を彼はどう捉えているのかを聴いてみました。

　　　「今の事業所の人はみんな親身になってくれて，これからの生活をどうしたらいいか，いろいろ動いてくれたり，相談に乗ってくれたり。ありがたいと思ってはいるけど，もともと僕は社会に働いていたわけじゃないですか。『なんで，ここに』っていう思いもあって確かに『居場所』ではあるんだけど，ここを『居場所』にしたらいけないと思うんですよね。思わないようにしてるのかな。だって世話してもらってるだけだからね」

　太郎さんは現在利用している事業所をひとつの「居場所」と捉えながらも，自分の居場所とは思わないようにしていると語っていました。太郎さんにとっての「居場所」の意味するものとはどういう場所なのでしょうか。

　「今は確かに，困ったときに相談したり，親身になってもらったり，ありがたいと思うのだけど，なかなか自分の居場所っていう感じはしないんすよね。なぜって聞かれると困るけど，一番は，仕事をしてる時は，まあ，世の中っちゃあおおげさだけど，少なくとも（店の）お客さんは僕に会うとほっとするなんて通って来てくれてたったいうような話もあって。多少なりとも役に立ってるっていうか。それが無くなって……なんていうのかな，自分の存在価値っていうんですか。それ，どこにあるのかっていう感じ？　今の僕がいてもいなくても世の中，回っていくわけで。ただ，何もせず，人の税金食ってる役立たずが生きてるだけじゃないですか，実際。意味なく迷惑だけ掛けてさ」

　太郎さんの語りを聴きながら，衝動的にビルから飛び降りてしまったひとつの理由がここにあったのかもしれないと思いました。本当の理由は太郎さんもいまだ言語化して語ることは難しいといいますが，「何もかも嫌になって」という言葉が何を意味しているのかといえば，太郎さんが失業によって失ったものが経済的基盤だけではなく，居場所や自分の存在価値だったのではないかと思いました。

Ⅳ．おわりに

　失業するということは，まずは，経済的に打撃を受けますが，いざとなれば公的な扶助を受けながら最低限の暮らしができなくはありません。しかし，仕事を失うということは生活が困窮するといった苦しみと同様に，いや，もしかしたらそれ以上に，自分自身の「居場所」や「存在価値」といったものが揺り動かされ，生きていこうとする力や自信を大きく喪失させるものかもしれないと思います。仕事をすることが必ずしも，人々に「居場所」を提供し，その人の「存在価値」を与えるものに繋がるわけではないでしょうが，太郎さんのように，いったん社会に出て働いて，それなりに社会に貢献してきたという意識がある人がこうした思いを抱えるのも理解できないことはありません。失業によって経済基盤を失うだけではなく，「居場所」を奪われ，自分の存在を否定されたように感じるのも理解できるのです。

　最近，太郎さんにお会いしたときにずいぶん元気になっていたので，「何か仕事が決まったんですか？」とお聴きしたら「障害が結構，重いんでね。仕事先を見つけるにはもう少し時間が掛かりそうで，まだ（就労継続支援Ｂ

型）事業所を利用してますよ」と語りながら，事業所の環境も少し変わったらしく，「今は僕が（事業所に）いないとちょっとね，（職員や利用者が）困るっていうようになってるんですよね」と嬉しそうに続けました。太郎さんの「田舎に帰って農業でもしたい」という希望が事業所の職員にも伝わっていたらしく，太郎さんのために新たに事業所の屋上に小さな畑を作り，太郎さんが職員や他の利用者に，栽培の方法を教えたり，種をまいてから収穫するまでの管理を頼まれたといいます。その小さな畑では，季節の野菜を育てており，収穫できたら利用者や職員に持ち帰ってもらおうという話になっているそうです。「山本さんも持って帰っていいですよ」と言ってくれたので，ありがたくいただく約束をしました。太郎さんに「居場所ができましたか」と聴いてみたいような気がしましたが，聴くまでもなく，自分が役に立つ場所をみつけ，自己存在の価値を見出しているのは，これまでとは違った穏やかで明るい笑顔をみれば十分にわかったのです。

　本章のテーマは失業・生活困窮でしたが，最近，私の子どもが幾分遅い自立をし「空の巣症候群」に陥っていたので，子育ての終了と太郎さんの喪失の物語を多少重ねながら聴かせてもらったかもしれません。太郎さんの語りを聴きながら，人は誰かに，何かに必要とされながら，あちこち動かされ，疲れ果て，そのときは「しんどい」とか「面倒くさい」と思うかもしれませんが，それがあるからこそ生きていく力も与えられているものだと教えられたような気がします。そして，ひとつの場所や自分の存在価値を見失ったとしても，新たな場所や関係性の中で誰かの，あるいは何かの役に立てることがあれば，そこに新しい「居場所」や「存在価値」が生まれるのです。何かの喪失がそれを乗り越えたとき新しい何かを得ることに繋がっていくことを願っています。

　　追　　記
　倫理的配慮について：太郎さんには個人が特定されないことを条件に快く論文掲載の許可を頂きました。心より感謝いたします。また，論文の趣旨を損なわない程度に若干の加筆・修正を行っています。

　　文　　献
金子充（2017）入門　貧困論―ささえあう／たすけあう社会をつくるために．明石書店．
大阪府立西成高等学校（2009）反貧困学習―格差の連鎖を断つために．解放出版社．

山本智子（2016）発達障害がある人のナラティヴを聴く─「あなた」の物語から学ぶ私たちのあり方』．ミネルヴァ書房．

第6章

身体の病がもたらす
中高年期の喪失体験とその支援

中原睦美

Ⅰ．中高年期の喪失体験と身体

　人間は，生まれてから死に向かって生きる存在と言われます。成長の過程では，乳歯が抜け永久歯に生え替わる，親から自立するなど，発達に伴う喪失がありますが，あくまで発達との入れ替わりであり喪失が意識されることは少ないものです。それに比べ，他者との死別や離別，失職，名誉を失うなどは，悲哀や悲嘆を引き起こす喪失の代表的な体験といえます。

　中高年期は，他の期に比べ，喪失を体験する頻度が増えます。家族や友人，知人，自分より若い人やペットなどとの死別・離別の体験，離職や退職による役割の喪失などが身近に生じ，関係性によって喪失の重みも変容します。喪失からの回復段階についてハードリー Hadley, J. とスタウダッハー Staudacher, C（1996）は，5段階に分けています。喪失直後の自己保存の状態や差し迫った対応に目が向く‘対処’，ある程度の安定が達成された後に生じる，怒りや恐怖，不安，抑うつなどの‘気づき’，「行き詰まった」と感じる感情的な停止状態を示す‘硬直化’，喪失をとりまく感情を受け入れはじめる‘受容’，そして赦しの概念に基づき，将来を構築する‘解放’の5つの段階の経験をするとしています。そして，段階の順序はさまざまであり，‘気づき’と‘硬直化’の段階はしばしば繰り返されるとしています。中高年期においては，成人期までの充実した肉体と社会的役割に斜陽が差し始め，加齢を意識するなかでの死別や離別は，喪失の体験に留まらず，喪失を通して自

らの生の限界に気づき人生を見つめ直すなど，人生経験の一つとして意味づけられる側面があります。さらに，高齢期では，否応なく自らの人生の終着を意識する契機になると考えられます。

　ところで，中高年期は，長く使ってきた身体に支障が生じやすく，社会生活や日常生活にも影響をもたらします。多くの場合，老化に伴っていくばくかの身体の病と向き合わざるを得ない事態が生じます。それゆえ「一病息災」や「健康寿命」といった，生きていく術を示唆することばが生まれたのかもしれません。ここには健康な身体を喪失しながらも生きていく人間の姿が示されているのではないでしょうか。また，身体の病は，疾病単独の問題に留まらず，本人の自己肯定感や自尊心などの自己像，家族や職場における関係性や居場所感などに大きく影響します。ハードリーとスタウダッハーの喪失からの‘解放’とはやや異なり喪失した身体を抱えて生きる課題が想定され，中高年期における身体の病を喪失の点から検討することには意味があると考えられます。本章では，具体的な事例を挙げながら，喪失の観点から見た中高年期の身体の病および求められる支援について述べていきます。

Ⅱ．中高年期と身体の病

1．中高年期とは

　中高年期は，年齢区分が難しく，かつ他の期に比べ，とても長い期間です。心理学の調査研究においては，中年期を 40 〜 60 代とするものや，中年期前期を 40 歳〜 54 歳，中年期後期を 54 歳〜 65 歳とするもの，各々の年代で表すものなどが混在しています。老年期についても，老年学では一般的に，65 歳以上が高齢者とされ，65 歳から 74 歳を前期高齢，75 歳から 84 歳を中期高齢者，85 歳以上を後期高齢者としていますが，領域によって区分には相違がみられます。このように中高年期とひとまとめにすることは，とても難しく，若い世代から蓄積してきた経験があるだけに個別性がより際立つ時期であると言えます。

2．中高年期に起きやすい病

①人口動態調査と中高年期の病

　令和に入り，厚生労働省の人口動態調査では，中高年期の死因は，第 1 位

は悪性新生物（悪性腫瘍，がん），第2位は心疾患，第3位は老衰とされ，肺炎，脳血管障害と続きます。また，医療の進歩に伴い，後遺症や慢性疾患を抱えながら生活する人が増えています。さらに糖尿病や肥満などはがんや心疾患，脳血管障害との関連性が高いですし，更年期障害も人によっては，離職に追いやられるほどの重い症状があるなど，中高年期の人には数多くの病が取り巻いています。近年は予防医学に期待が寄せられ，民間でも健康情報があまた見られるなど，加齢や病との付き合い方が一段とクローズアップされる時代になっています。

②中高年期の病と喪失

　中高年期の身体の病では，まずは治療や救命が優先されるため，「喪失」の感覚や自覚は，すぐには到来しないようです。当事者は，治療あるいは回復の過程で，病を得る前には注視することなく過ごしてきた身体やこころ，家族や社会関係，役割の喪失などと直面することになります。病を得ることについて精神科医のヴァン・デン・ベルク van den Berg, J. H.（1952 = 1975）は，軽い病でも日常や社会から阻害された感覚が生じることや，重い病にある当事者の心理状況，医師や看護師との関係性，当事者の心情に慮った見舞客の振る舞いのあり方ついて具体的に述べています。「治る－治らない」のベクトルだけでなく，病がもたらす家族や仕事，社会，経済的側面などの喪失をめぐる包括的な視点やその支援が必要になってきます。

3. 2つの疾患から見た中高年期の病と喪失

①脳血管障害（脳卒中）

　脳梗塞や脳出血など脳卒中と呼ばれる疾患の場合，発症後は，救命措置が優先されます。身体状態が落ち着き，ベッド上での早期のリハビリテーション（以下，リハビリ）が始まり，意識が清明になるにつれ，自分が置かれた状況に気づきます。初期は，罹患したショックや動かない身体への喪失感を抱きながら，回復を目指すことになります。治療が進み，本格的なリハビリが開始され，多くの場合，何らかの後遺症（片麻痺や言語障害，高次脳機能障害など）が残り，自分の意志では身体がうまく動かないことを実感していきます。そして，リハビリが進むほどにプラトーと呼ばれる機能改善の限界が知られ，さらに目に見える障害がもたらす自己像の喪失という葛藤も強

まります。この時期，身体機能の完璧な回復を目指すあまりにリハビリ負荷をかけすぎて身体を痛めてしまったり，不全感を高めたりして抑うつ状態に陥る懸念もあります。また，医学的には「軽度」であっても病前と同じような社会復帰は困難で，以前の役割を喪失し，狭間の葛藤を抱く人もいます。失語症などの高次脳機能障害を合併した場合は，周囲とのコミュニケーションや日常の動作が阻害され，見た目では分からないため，当事者や周囲の困惑は深刻なものになります。

　中原（2003）は，ライト Wright（1960 = 1964）や上田（1980）などの障害受容の諸説と心理支援の経験をもとに「ショック（混乱・否認）－理想自己（病前）への回復期待（仮の認識，努力・失望）－悲哀と怒り（抑うつ，攻撃）－現実自己への再構成への期待（再認識，努力・失望）－折り合いと可能自己への着目（自我の再体制化，希望）」という障害受容過程を提示し，自我関与する場面と対峙するたびにこの過程を繰り返すとしています。この障害受容は目標ではなく，喪失した自らの身体や身体機能，家庭内や社会的役割の喪失などと向き合い，折り合いをつけていく当事者の心を理解する視点と考えられます。支援や関わりにおいては，「軽く済んで良かった」「これまで○○してきたからもう満足でしょう」といった安易な声かけや励ましは控え，当事者が身体機能をはじめさまざまな喪失体験をし，再発の不安を抱えながらも，再度，自らの人生を歩もうとする心に寄り添う姿勢がまず大切です。

〈事例　Aさん，男性，50 代〉
　後遺症は軽度で，病棟では他の患者さんのお手伝いをするなど優等生的な存在でした。しかし，試験外泊の際，「何もできなかった」事実と直面し，抑うつ的になります。樹木画には，椰子の木がぽつんと描かれ，喪失感が高まり，孤立無援感にあることが窺われました。Aさんの喪失感を受け留める心理面接を重ね，少しずつ家庭での役割を見いだしていき，退院半年後に描かれた樹木画には，幹は細いものの根を張った木が描かれました。試験外泊を契機に中原の障害受容の 1 段階（ショック）からやりなおし，5 段階（折り合いと可能性への着目）に向かおうとしていたと考えられました。

〈事例　Bさん，女性，60 代〉
　脳梗塞を発症し，後遺症として若干の構音障害と重たい片麻痺が残り，車椅子移動を余儀なくされました。心理面接では，活動的であった病前や罹

患したことへの後悔やショック，喪失した身体および限定された生活への怒りが語られ，先行きの見えなさが訴えられます。セラピストはひたすら傾聴し，面接を重ねました。ある日，机上の花瓶に生けられたうなだれ始めたチューリップに気づき，「私は○○流のお花をしていたのよ」と花びらを片手で器用に開き「こうしたら，もう一花咲かせられるのよ」と口にされました。〈なるほど，こうやると，もう一花咲かせられるのですね〉「そうねえ（私もそうかな）」という対話を契機に，今後の生活について現実的な話が展開するようになりました。中原の障害受容の3段階（悲哀と怒り）から4段階（現実自己への再構成）に向けた心の作業を行うなか，友人が見舞いに訪れやすい施設への退院となりました。

②悪性新生物（悪性腫瘍，がん）

　がん疾患は，医学の進歩により救命率は飛躍的に向上し，初期治療によって社会復帰が可能となっている代表的な疾患です。近年は，インフォームド・コンセントと呼ばれる説明と同意や，セカンドオピニオンなどの概念が一般化し，以前の「医療やお医者さんにお任せ」から疾患を自分のものとして受け止め，主体的に治療の方向性を決めようとする人が増えています。河合（1997）は，伝統的な「いかに死ぬか」から「いかに生きるか」に変貌した現代を鑑み，がん告知は，心のつながりをもちながら「関わる人が，心のエネルギーを費やして，本人の抱えている問題に値するだけのことを共にする覚悟が必要」と述べ，岸本（2004）は「ことばの呪力」について，告知が持つことばの重さと責任性を延べ，「相談による方針決定（SDM; Shard Decision Making)」を紹介し，その後も患者に寄り添う告知や緩和ケアのあり方について提言しています（岸本，2015）。これらの観点は，医学が発達するほどに重要となるのではないでしょうか。救命率が上がり，慢性疾患と位置づけられていようが，当事者にとってがんは死に至る病に変わりはなく，がんの告知をされ「頭が真っ白になった」という強いショックを受けた語りが展開することは珍しくありません。たとえ「ステージ0度」であってもがんの不安が払拭されることはなく，健康な身体の喪失を体験するに加え，死を意識した生に転換せざるを得なくなります。キューブラー・ロス Kübler-Ross（1969＝1971）は，悲嘆と喪失のモデルとして「否認－怒り－取引－抑うつ－受容」の5段階を提唱しています。先の障害受容過程と同じように，皆が同じ順番で段階を進むわけではありませんが，当事者の心情を理解して

いく上では貴重な観点です。辻（2008）は，キューブラー・ロスなどの理論を参照し，統合失調症やがんの体験は「圧倒的体験」であるとしています。そこでは「普通の人間であることからの脱落の意識」が生じ，「主体性が後退し，自分をたよりにしなければならないことから順にできなくなる」という生命の喪失がもたらす悪循環について指摘し，周囲の者は，対象の心の内のドラマ（体験）を正確に読み取り，伝え返し，孤立させないことが必要であると述べています。近年は，医療や経済的側面の理解が進み，がんの罹患を自己開示する人が珍しくなくなってきています。しかし，傍からは見えにくい病の内には死への恐怖や身体の喪失感があると推察され，接する側には当事者の内面への理解が求められるとともに，相応の死生観や生きることへの哲学が求められることに変わりはありません。

〈事例　Cさん，男性，60代，食道がん〉
　早期に発見され，手術が成功し，定期的に通院するなかで心理面接となりました。罹患当時は「ショックで何も考えられなかった」と語り，退院後は，他の患者さんの送り迎えを手伝うなど，他者への献身的な行動を続けていました。「命を救ってもらったから誰かの役に立とうと思った」と語り，「以前の自分だったら考えられない」とご自身の生活上の価値が変容したことが決意表明のように語られました。さらに，キューブラー・ロスが提唱した「取引」の段階を連想させる「良い行いをすれば命を長らえられる」必死の願いも窺われ，手術が成功した人であっても，丁寧に見守っていくことの必要性を感じました。

〈事例　Dさん，女性，50代，大腸がん〉
　精密検査目的で入院し，がんが発覚し，手術し，退院。セラピストには予後が芳しくないことが知らされており，退院前から関係作りを兼ねた心理面接を行いました。再入院後，状態像はさらに悪化し，痛みや疲労が強まっています。それでも，病棟での対人関係は良好で，同病者と生死をめぐる話題がピア・カウンセリング的に展開されていました。コラージュ療法を導入した心理面接では，「（生き残るには）手術しかない」と思って入院した生への強い思いや，「人体実験でもいいから新薬を試して欲しい」などの必死の語りが展開されました。同時に「よくなったらうんと悪いことしなくちゃ」と病への深い怒りがユーモラスに表現され，「先生も悪いことしなくちゃだめだよ」とセラピストをからかうように思いやることばを投げかけるなどがみられました。コラージュ制作では，過去から現在の人生の語りが表現され，最終回の制作では，祭壇を逆にしたような，あるいは人生に花を手向け，死

図1　事例Dのコラージュ作品「美しい空間」

の象徴として白黒のペンギンが次世代を見守るかのような，メッセージ性の深い表現がなされました（図1）。予期された喪失の中にあるご家族への心理面接も数回実施しました。温かくユーモラスな交流が最期まで家族間で紡がれ，家族・スタッフに見守られながら逝去されました。

Ⅲ．中高年期の身体の病がもたらす喪失への支援をめぐって

スパレク Spalek, B. とスパレク Spalek, M.（2019 = 2022）は，「人間が直面する最も大きな困難は，喪失と死別を経験することである」としながらも，「喪失と死別は生きることの自然な側面である」と述べ，セラピストとしての重要な仕事は，「クライエントが喪失を探索して処理し，理解し始める間，クライエントを抱えることである」としています。先に例示した，ハードリーとスタウダッハー，中原，キューブラー・ロスらの段階説は，共通点が多く，障害や喪失の受容は，あくまで当事者の心情の理解のためのものとして位置づけられます。また，中高年の身体の病による喪失を抱いている当事者に関わる人は，喪失の悲嘆に寄り添い，当事者が抱える辛さや大変さに共感しつつ，当事者が「わかってほしい，けれども安易にわかられてたまるか」という両価的な思いや怒りを抱えていることを知っておく必要があります。喪失のさなかにある人に接するに際しては，まず，当事者がどのような心持ち（受容段階）にあるのかを見立て，その上で，個々の当事者に合ったオーダーメイドな寄り添いが必要となります。誰よりも諦めやすいのは病を抱える当事者ですから，周囲が先に諦めないことが大切です。とくに，心理支援に携わる人は，当事者の内的世界に向き合い喪失を共有しながら寄り添

うことに専心することからは，心理的疲労が気づかないうちに蓄積しやすいため，自身がチームやスーパーヴィジョン等で支えられることも重要です。

　また，家族への支援は欠かせません。中高年期の場合は，当事者が家族の大黒柱であったり，家事や親族関係の軸であったりするでしょう。家族にとっては一過性の病なのか，後遺症が残るのか，その程度はどれくらいなのか，死に至る病なのかによって，喪失の様相は異なります。山本（1991）は，予期がある場合の喪失体験を「心理的に喪失しているが，物理的には実在している状態」と呼び，その典型例として末期がん患者を看取る家族の回復過程を挙げています。いずれにせよ，中高年期の身体の病をめぐっては，心理面に加え，経済面，子育ての問題，家庭経営の問題，仕事の問題など課題はつきません。後遺症が懸念される場合は，退院後の受入先や介護の問題も加わります。福祉的な社会資源の情報やその提供も当事者や家族への支援として欠かせず，包括的な視点で捉えていくことが望まれます。喪失は，生きる上で自然な現象とはいえ，辛い体験に変わりありません。

　身体の病に伴う喪失に寄り添うには，喪失感の「解消」「受容」を一方的に掲げて当事者の心をかき乱すのではなく，当事者が「喪失の思いを聴いてもらえた」と感じ，喪失の思いと共に生きていく道のりを一緒に支える姿勢が大切ではないでしょうか。そのためには心理支援のスキルに加え，その基盤となる支援者自身の生きる意味などの人間哲学の醸成が重要です。まず，'not doing, but being' という「そこにいさせていただくことが許される」ことの重さを自覚することが，当事者の喪失の思いに寄りそうことに繋がるのではないでしょうか。

　　文　　　献

Hadley, J. & Staudacher, C. (1985) Hypnosis for Change. New Harbinger Publications.
河合隼雄 (1997) 対話する家族．潮出版社．
岸本寛史 (2004) 緩和のこころ―癌患者の心理的援助のために．誠信書房．
岸本寛史 (2015) 緩和ケアという物語―正しい説明という暴力．創元社．
Kübler-Ross, E. (1969) On Death and Dying. Macmillan.（川口正吉訳（1971）死ぬ瞬間―死にゆく人々との対話．読売新聞社．）
中原睦美 (2003) 病体と居場所感―脳卒中・がんを抱える人を中心に．創元社．
Spalek, B. & Spalek, M.(2019)Integrative Counseling & Psychotherapy: A Textbook. Routledge.（高橋依子監訳, 高橋真理子訳（2022）統合的なカウンセリングと心理療法への招待―クライエントの多様性に応える．北大路書房．）

辻悟 (2008) 治療精神医学の実践—こころのホームとアウェイ. 創元社.

上田敏 (1980) 障害の受容—その本質と諸段階について. 総合リハビリテーション, 8(7); 515-521.

van den Berg, J. H. (1952) Psychologie van Het Ziekbed. G. F. Callenbach B. V. (早坂泰次郎・上野矗訳 (1975) 病床の心理学. 現代社.)

Wright, B. A. (1960) Physical Disability: A Psychological Approach. Harper & Row. (三沢義一訳 (1964) 心理学とリハビリテーション. 国立身体障害センター.)

山本力 (1991) 対象喪失の様態とその位置づけ. 岡山県立短期大学紀要, 34; 1-8.

第 2 部

コミュニティと喪失

第7章

犯罪被害者のこころと支援

西脇喜恵子

Ⅰ．はじめに

　「明日も明後日も，ずっと続くと思っていた当たり前の日常が，何の前触れもなく，突然，一方的に暴力的な形で奪われてしまう。そして，事件に遭う前の生活は二度と戻ってこない。その痛烈な現実を生き抜いていかなければならない」

　犯罪被害に遭うという筆舌しがたいできごとについて，臨床心理の立場から支援に携わってきた一人として，実感とともに伝えるとすれば，こんな表現になるのだろうと思います。

　日本で犯罪被害者への理解や支援が本格的に進展するようになった1990年代以降，衝撃的なできごとが私たちのこころにどのような影響を及ぼし，どのようなケアが必要となるのか，トラウマやPTSD（Post-traumatic Stress Disorder，心的外傷後ストレス障害）といった言葉とともに，注目されるようになりました。犯罪被害についていえば，2004年に犯罪被害者等基本法が成立したのをはじめ，被害者の視点に立った関連法や諸制度も整いつつあります。支援がほとんど見当たらなかった時代に比べれば，被害者の権利を擁護し，ケアする体制は，たしかに充実してきたと言えるでしょう。

　しかし，犯罪被害に遭うことの衝撃そのものは，残念ながら今も昔も変わるものではありません。

　本章では，そのような犯罪被害がもたらす喪失について，具体的にみていきたいと思います。その上で，大事なものを喪失したこころを抱えながら，

被害後の人生を生き抜かなければならない犯罪被害者の方たちに対し，私たちはいったい何ができるのか，一緒に考えたいと思います。

Ⅱ．犯罪被害による喪失とこころ

1．犯罪被害で喪失するもの

　被害者支援に携わる中で，「悲しみは形を変えることはあっても，決してなくならない」という言葉を何度となく耳にしてきました。犯罪被害には，「被害に遭った」という定点の痛みだけでなく，二次的な傷つきがあることが知られています。直接的被害は，文字通り，事件によって受けた被害そのものですが，二次的被害は，周囲の無理解や心ない言動，過熱報道，誹謗中傷などによって，精神的な苦痛を強いられ，平穏な日常を侵害されることをさします。このような多重性を踏まえると，犯罪被害は，一瞬だけの体験にとどまるものではなく，被害に曝される状態に一定期間留め置かれるものであることがわかります。

　その中で被害者は，心身の健康や大事な家族を喪失するだけでなく，それまで手にしていた社会とのつながり，人間関係，今を生き生きと生きる感覚のほか，自分自身への信頼や，胸に思い描いていた未来予想図まで手放すことになっていきます。

①現実感覚と，「それまでの自分」の喪失

　あまりのことに言うべき言葉が見つからないとき，私たちは「言葉を失う」という言い方をします。犯罪被害は，まさに言葉を失うには十分すぎる圧倒的な体験ですが，その現実に直面し，息をのむような思いをした瞬間から，被害者は言葉だけでなく，大事なものを次々と喪失していくことになります。

　真っ先に喪失するのは，現実感覚です。私たちには，自分の置かれた状況を把握し，客観的に意味づける「現実検討」という力が備わっているとされますが（石井，2012），犯罪被害に遭うと，これがうまく機能しなくなり，我が身に起きていることが何なのか，よくわからない感覚に襲われます。どこか他人事のようで，これが現実なのか，夢なのかをつかみかねる，まさに茫然自失するような感覚です。

　「事件直後の記憶が曖昧で，よく思い出せない」という犯罪被害者は少なく

表 1　被害体験がもたらす影響（被害後に見られる反応や変化）

身体面への影響	心理面への影響	行動面への影響	考え方への影響
眠れない・眠りが浅い	事件が頭によみがえる	外出を避ける	自分を責めてしまう
食欲がない・過食してしまう	悪夢を見る	仕事や学校に行けない	自分に自信がなくなる
身体が重くだるい	考えたくないのに考え込んでしまう	乗り物に乗れない	自分に価値がないと思える
疲れやすく疲れが抜けない	気持ちが自分から切り離されたように感じる	仕事や勉強に集中して取り組めない	誰も信用できない
頭やお腹が痛い	イライラして怒りっぽい	家族との衝突が増える	孤独感を覚える
下痢をする・便秘になる		たばこやお酒の量が増える	悲観的なものの見方になる

ありません。実際に体験したことなのか，あるいは，そのときにふと考えたり感じたりしたことなのか，何がどうしてどうなったのか，時系列も混乱してしまうので，記憶は自ずとつながりを失っていきます。それは例えば，「あのとき，窓の外から流れてきた音楽はよく覚えているのだけれど，そこで自分が何をやっていたのか，何を考えていたのか，果たして食事はしていたのか，思い出せない」というような形で語られます。この記憶の断片化は，トラウマ記憶（外傷性記憶）の特徴の大きな一つで，こころを不安定な状態に導きます。PTSD には，4 つの症状（侵入症状，回避症状，認知と気分の陰性の変化，覚醒亢進状態）がありますが，文脈を失った記憶の欠片_{かけら}たちが，ふいに意識に侵入してきたり，断片的な恐怖のイメージと結びついたりすることが，フラッシュバックや悪夢，不安や恐怖の背景になるとされています。

　そして，この現実を現実のものとして受け止めきれない状態は，心身の不調につながり，考え方や行動パターンにも影響していきます（表 1）。

　これらは，強い衝撃をもったできごと（外傷性ストレッサー）に曝されたときに，だれにでも生じる心理的なストレス反応です。多くは一過性で，軽く済む場合もありますが，「これからどうなっていくのだろう」という漠然とした不安とともに，大きな揺らぎをもたらします。また，ご飯の支度をする，洗濯や掃除をするといった日々の生活にうまく気が回らなくなって，そ

れまでとはあまりにも様子の違う自分に驚き落胆し，被害に遭った事実を含め自律できないことに，自責感や無力感を覚えるようになります。こうして，ごく当たり前の日常や今を生きる感覚，自身への信頼感，「それまでの自分」を喪失していくことになるわけです。

②役割の喪失

　「それまでの自分」の喪失の中には，役割の喪失もあります。ふだんはあまり意識していないかもしれませんが，私たちは実に多様な役割を与えられながら生活しています。親にとっては「かわいい娘」，妹にとっては「自慢の姉」，会社の中では「頼れる上司」，友人にとっては「一緒にいて楽しい親友」，子の親の立場であれば，「○○ちゃんのママ」といった具合です。周囲から見たその役割を，私たちは自分の一部として取り入れ，役割に応じた振る舞いをしながら，人間関係を結び，社会につながっています。

　しかし，被害後，苦難に満ちた時間に身をおくと，ときに「一緒にいて楽しい親友」ではいられなくなることがあります。また，「今は大変なときだから，無理しなくていいよ」と同僚が気遣ったとしても，それが「頼れる上司」という役割の喪失として実感される場合もあります。事件でお子さんを喪った親御さんにとっては，次第に「○○ちゃんのママ」と呼ばれなくなっていく現実を受け入れがたく思うこともあるでしょう。周囲との関係性の中で培われた役割アイデンティティの喪失は，自分の一部が自分ではなくなっていく感覚をこころの痛みとともにもたらします。

③社会とのつながりの喪失

　このような身の回りの喪失と，それをめぐる陰性感情は，自ずと人間関係にも影響していきます。上田（2022）は，犯罪被害など重篤な危機に直面した当事者と，その人を取り巻く周囲とのあいだに，ある決定的な断絶を目の当たりにすることがあると指摘しています。「なぜ自分がこんな目に遭わなければならないのか」という嘆きや，「この苦しみはだれにもわからない」という絶望感，そして，そう思ってしまうことへの罪悪感を抱える被害者と，「そっとしておこう」という気遣いから意識的無意識的に距離をとろうとする周囲との間に，断絶が起きるというのです。断絶した結果，人間関係の様相は変容を余儀なくされます。また，社会とのつながりや他者の助力を得る機会

を失った被害者は，強い孤立無援感を抱えることになります。

　そもそもの話をすれば，道を歩くときに「だれかに襲われることを常に警戒している」という人があまりいないように，私たちは成長する中で，社会や他者に対する基本的信頼感を獲得し，「社会は安全だ」と無邪気に信じているところがあります。それが，あるだれかの悪意や不注意，不道徳によって打ち破られ，安全だと信じて疑わなかった社会から大きなダメージを与えられるのが犯罪被害です。良心や常識といったものまで疑いたくなるような経験をした被害者にとって，社会に対する不信感や周囲との距離感が生まれるのは，ある意味，必然かもしれません。

④未来の喪失

　「それでも明日がある」と思えることは今日を生きる理由になります。しかし，犯罪被害は，被害に遭わなければ，こうなっていただろうという未来の形を大きく変えてしまいます。それは同時に，生き甲斐を奪われることでもあります。子どもの場合は，人格形成の基盤に負の影響を受け，健康的に発達していくはずの未来を阻害される体験にもなり得ます。

⑤加害者との関係喪失

　さて，ここまで「喪失する」という書き方をしてきましたが，犯罪被害の場合，本来は「喪失させられる」とするのが正しいのだろうと思います。犯罪行為の主体は加害者であって，被害はあくまで押し付けられた体験に過ぎないからです。そのため，多くの被害者は「どうして被害に遭わなければならなかったのか」「どうして自分でなければならなかったのか」，その理由を知りたいと希望します。また，被害の全容と事実関係を知ることは，「喪の仕事」といわれる喪失後のこころのプロセスにも不可欠な要素とされています。

　しかし，事件前に面識があったか否かにかかわらず，事件後，被害者は加害者と現実的には十分な関係を結ぶことができません。未解決事件はもとより，加害者が逮捕，起訴されたとしても，その後は刑事手続きをはさんで対峙していくことになるからです。刑事手続きにおいて，被害者は長らく証拠の一つに過ぎない「忘れられた存在」と呼ばれていました。加害者に対する思いを発露する場をあまりもつことができずにいました。胸のうちでは加害

者へのいろんな気持ちが渦巻いているにもかかわらずです。犯罪被害者保護関連二法（2000年）が成立し，2008年に被害者参加制度が開始されたことによって，裁判の場で意見を述べたり，被害者参加人として被告人に質問したりできるようになったのは，被害回復の一助となっていますが，加害者から直接謝罪を受けた経験のある被害者はいまだ多くありません。

　このように，予期せず私たちの身に襲いかかる犯罪被害は，数えきれないほど多くのものを奪い去っていきます。それまで主体的に積み上げてきた人生が根こそぎもぎとられる，言い換えれば，主体的に生きることを一瞬にして封じられるような喪失体験だといえるでしょう。

2．犯罪被害で手に入れなければならなかったもの

　喪失したこころは，悲嘆（グリーフ）を経験します。悲嘆というと，悲しみをイメージするかもしれませんが，大事なものを喪失した後には，怒りや抑うつ，孤独，自責，絶望など，いろんな感情が訪れます。その悲嘆を生き延びること自体ももちろん過酷なのですが，被害者には，喪失したものの代わりに手に入れざるを得ないものがたくさんあります。それは，ここまで見てきたとおり，未来予想図とはまったく異なる人生，怒りや憎しみといった負の感情に彩られた自分，社会や人との関係の変化です。「人に優しくありたいと思ってきたのに，被害後に抱えたこの憎しみや怒りといった感情をいつまで持ち続けなければならないのか」という被害者の言葉が胸に響きます。私たちは，被害で喪失したものやそのケアにばかり目を向けがちですが，望んでもいなかった日々を送ることになった被害後の現実を支えながら，人生の再構築にどのような伴走ができるのか，そのような視点から考える必要もあるのではないでしょうか。

Ⅲ．犯罪被害者支援の目指すもの

1．「こころのケア」と犯罪被害者支援

　1995年の阪神・淡路大震災以降，大きな災害や事件が起きるたびに「こころのケア」の重要性が謳われるようになりました。しかし，犯罪被害者支援においては，こころのケアにとどまらない生活全般にわたる実務的支援と，経済的支援，法的支援が一体となって初めて有機的な支援が実現します。そ

のため，心理専門職のみならず，警察，検察庁，裁判所，行政，医療機関，民間支援機関，弁護士，社会福祉関係者，教育関係者らが連携し，ネットワークの中でサポートできる体制整備が求められます。

　支援におけるこころのケアには，例えば，PTSD 症状への認知行動療法をはじめとする心理療法，アウトリーチも含む悲嘆カウンセリング，自助グループのサポートなどがあります。ただ，時と場合によりますが，あまり侵襲性の高い関わりはかえって不安を強めたり，カウンセリングを提案すること自体が無力感を惹起させたりすることもあります。かつて筆者は，協働する他職種のスタッフから「こうやって隣に座っているだけで，今，私が何を考えているか，読み解かれそうな気がする」と言われたことがありました。その言葉にとても驚いたのですが，「気づいていないかもしれないけど，心理の仕事をしている人って，そういう空気を持っているんですよ」と言われたとき，被害者支援に結び付けて，なんだかストンと腑に落ちた気がしたものです。相手の気持ちに必要以上にぐっと踏み込んでいくつもりはなくても，ストレス反応としての侵入症状を経験している犯罪被害者にとって，心理専門職の「心をわかろう」とする身構え自体が，侵襲的に感じられることはあるのだろうという気がします。「カウンセリングが必要といわれたとき，『私はそんなに弱い人間じゃない』『一体私の何がわかるのか』と思って傷ついた」と直接言われたこともあります。被害者の意に沿わない「やりすぎの支援」は，レジリエンスを阻害する場合もあります。あえて「そっとしておく」ような見守りが最大の心理的支援になることも覚えておきたいところです。

2．喪失は回復できるものなのか

　ところで，喪失というものに注目したとき，ふと頭をもたげるのが，それは果たして本当に回復可能なものなのかという疑問です。池内（2006）によれば，「回復」というと，「喪失対象のことを思い出さなくなった」「前向きな気持ちになった」「もう戻らないと割り切ることができるようになった」といった回答が上位にくるといいます。その意味では，犯罪被害による喪失には，回復の難しいものが相応にあるのではないかと思えます。

　犯罪被害者とかかわる中で，回復への抵抗が強いだけでなく，回復していかないことがむしろ喪失に伴う痛烈な痛みを和らげる側面があるのではないかと，そんなふうにすら思える状態に出会うことがあります。例えば，お子

さんを失った親御さんは，大人になっていく同級生の姿を見ながら，あのときのまま成長が止まっている我が子を想い涙します。そして，時が過ぎ，周囲から「だいぶ元気になったね」などといわれるようになるころ，亡くなった家族の声の記憶や思い出が遠ざかっていることを，ある日，強く実感します。そこで，「人としてなんと無慈悲なのか」と自分を責め，回復することへの抵抗感を強めていく――そんな様子に出会うことが幾度となくあります（西脇，2022）。それは，傷跡にせっかくできたかさぶたを自らの手で剥がし，再び流れる血を見つめるような時間へとつながっていきます。また，何度も何度もかさぶたを剥がしていくうちに，傷跡はケロイドのように刻印されていき，やがて未来への道を迷わせる場合もあります。Van der Kolk, B. A. ら（1996 = 2001）は「愛する者を亡くした場合，トラウマには悲嘆が加わり，被害者は恐怖の記憶を避けたい気持ちと，失った人や失った世界のための生き証人になる必要があるという気持ちとの板ばさみになる」といいます。「被害者は被害者をやめられない」という言葉を何度耳にしたことでしょう。さかのぼれば，日本では，原爆が投下されたという戦争の深い傷跡がありますが，当時を知る生き証人が少なくなっても，毎年 8 月になれば，広島や長崎で平和祈念式典が行われ，「風化させない」「語り継がなければ」という言葉が聞かれます。喪失した人のこころの平安や平和には，傷を負った記憶を手に「痛みとともに，されど生きる」ことが必要で重要だったりする側面もあるのかもしれません。

3．「二つの時計」を生きる

「被害者には二つの時計がある」といわれます。一つは 24 時間 365 日動き続ける時計，もう一つは事件のあのときのまま止まってしまった時計です。喪失したものが取り返せないように，止まった時計が再び動きだすのは難しいことを被害者も支援者も知っています。犯罪被害による悲嘆は，ときに複雑化したり慢性化したり悪化したりします。喪失した現実と今生きている現実を，どのように折り合わせていくかというところには，混沌や矛盾をはらむ局面もありますが，悲しみの器に応じて，二つの時計を行き来する時間がその先の人生につながるよう支援することが望まれます。

IV. おわりに

　被害者にとって，支援を受けることは，自分にとって安全ではなくなった社会と再びつながり直すことを意味します。不安や恐怖，不信，憤りといった乗り越えがたい感情と，被害による痛み（や傷みや悼み）を携えながら，社会の中で生き直そうとするのは容易なことではありません。それでも，人の手によって負わされた傷が人の手によって癒されるという大切な体験にもなり得ると実感します。

　犯罪被害者支援は，Doing ではなく Being なのだと思います。その支援過程においては，実は支援者も喪失を経験します。犯罪被害のようなトラウマ体験は，関わる側にも強烈な感情を呼び起こし，専門職であってもアイデンティティが揺らぎます。ときに「役に立たない自分」を責め，ときに「救済者になりたがっている」自分にたじろぎ（西脇・坪井，2018），支援者としての理想像をあっけなく喪失させられます。支援に携わり始めて間もないころ，ある被害者から「マザー・テレサになれますか」と問われたことがありました。何人（なんぴと）にも開かれたケアに生涯を捧げることの象徴としてマザー・テレサの名が挙げられたのだと思いますが，「なれません」と答えてしまうことは，目の前の被害者をひどく傷つけてしまうことになるのではという恐怖にも似た不安を，このとき瞬時に抱えたことを覚えています。多くのものを喪失した人を前に，そのすべてを，いや，喪失したもの以上のものを過剰に埋めてあげたくなるような気持ちが働くのですが，それは支援を受ける側の思いを無視するだけでなく，一人の人として尊重しない態度だともいえます。支援を終えれば自分自身は「当たり前の日常」に戻っていけるというこちら側の現実が大きな罪悪感につながることもありますが，支援者もまた，二つの時計と行きつ戻りつしながら犯罪被害者に伴走するよりほかないのだろうと思います。

　損なわれたものは完全には戻ってきません。どんなに埋めようとしても埋め尽くしがたいものがその手に残ります。私たちにできる支援があるとすれば，喪失とともに生きようとする被害者のこころに想いをはせ，まずはそこに共にあること（Being）だろうと思いまです。そして，それはときに，具体的積極的なアクション（Doing）よりも，むしろ人を勇気づけるのではな

いかと思うのです。

　　文　　　献

池内裕美（2006）喪失対象との継続的関係：形見の心的機能の検討を通して．関西大学社会学部紀要，37(2); 53-68.

石井明子（2012）自我機能アセスメントにおける TAT の役割の検討．中京大学心理学研究科・心理学部紀要，12(1); 231-244.

西脇喜恵子・坪井裕子（2018）犯罪被害者支援における心理臨床的かかわりの現状と課題．名古屋大学心の発達支援研究実践センター心理発達相談室紀要，33; 13-22.

西脇喜恵子（2021）司法の現場における被害者支援と心理的ケアの実際．In：上宮愛・田中晶子・安田裕子編：児童虐待における司法面接と子ども支援─ともに歩むネットワーク構築をめざして．北大路書房，pp.61-75.

西脇喜恵子（2022）犯罪被害者支援，In：森田美弥子・松本真理子・金井篤子監修，窪田由紀編：危機への心理的支援　心の専門家養成講座⑪．ナカニシヤ出版 , pp. 93-101

上田勝久（2022）危機への心理的支援の理論的背景．In：森田美弥子・松本真理子・金井篤子監修，窪田由紀編：危機への心理的支援．ナカニシヤ出版，pp.15-23.

Van der Kolk, B. A., et al.（1996）Traumatic Stress: The Effects of Overwhelming Experience on Mind, Body, and Society. Guilford Press.（西澤哲監訳（2001）トラウマティック・ストレス─ PTSD およびトラウマ反応の臨床と研究のすべて．誠信書房.）

第 8 章

HIV/AIDS と未知なるものへの不安と喪失

小林　茂

Ⅰ．はじめに

「ハンセン病なんてでっち上げだ。あちこちで症例が見つかると，新聞は
すぐに大騒ぎする。誰かが風邪で寝込もうものなら，すぐに〈白い病〉だっ
ていう始末だ」

（カレル・チャペック『白い病』（p.36）より）

　2019 年より世界的な流行となった新型コロナウイルス（SARS-CoV-2/
COVID-19）は，感染源，感染経路，伝播の仕方，予防法，治療法がわか
らないために人々を不安に陥れることになりました。そのため，日本におい
ても感染源と疑われた武漢のある中国と中国人に対して排他的な猜疑心が
持たれたり，感染者や感染が発生した場所を過度に警戒して忌避するよう
な状況を作り上げました。見えない未知なるものへの不安が排除と差別を
生み出しているといえます。こうした現象は，歴史上初めて起こったこと
ではありません。有名なところでは黒死病と呼ばれたペストや天然痘が挙
げられます。また現代では，今も未解決のままとなっている HIV（Human
Immunodeficiency Virus；ヒト免疫不全ウイルス）感染症および AIDS
（Acquired Immunodeficiency Syndrome；後天性免疫不全症候群）とい
った病いが挙げられます。新型コロナウイルスがもたらした社会現象は，過
去に HIV と AIDS が引き起こした社会現象を呼び覚まされた記憶として, 再

び私たちに意識させることになりました（『週刊現代』編集部, 2021）。未知なる病いへの不安は，その病い自体への治療や支援の問題だけではなく，メディアなどを通して社会やコミュニティからの排除，偏見，差別といった二次被害，三次被害といった問題を引き起こします。また，HIV/AIDS はセクシュアリティが問われる要素があるために，そのような面からも繊細な扱いが求められることがあります。さらに日本においては，血友病患者の HIV 感染という医療事故と国の不作為があったために問題をいっそう複雑なものにさせてしまった歴史があります。どの問題ひとつを取り上げたとしても，そこには罹患者への個別の支援にとどまらない，社会やコミュニティが解決しなければならない課題を負っているといえます。

　こうした HIV/AIDS 罹患者を取り巻くさまざまな課題と，それらに伴う喪失について改めて心理支援の立場から考えてみたいと思います。

II．HIV 治療の現在

　　「新理論の出現は，科学の慣行の一つの伝統を破り，異なったルールの下に導かれる新しい伝統を導入するのだから, 最初の伝統がうまくゆかなくなったと感じられた時には，きっと新理論が出現するはずである」
　　　　　　　　　（トーマス・クーン『科学革命の構造』(p.97) より）

1．慢性疾患化した HIV 感染症

　1981 年にアメリカで AIDS 患者が初めて発見されました。その後の 1983 年に AIDS の原因となる HIV がフランスのパスツール研究所で発見されます。当初は HIV についてわからないことが多いウイルスであり，その感染の経路もはっきりせず, 治療も HIV をターゲットにした有効な薬もなく, AIDS の症状に対する対症療法しかないような，治療法が確立していない状態であったといえます。また HIV 罹患者の AIDS 発症による死の様子についてメディアの取り上げ方が扇動的であったことから，HIV の感染が即座に AIDS 発症から死に至るという病いのイメージを人々の脳裏に強く植え付けました。

　しかしそうした状況も 40 年以上経った現在では変化しています。有望な抗 HIV 治療薬が次々と開発され，1996 年に入ってから実際に臨床で使われるようになり成果をあげるようになりました。特に HIV のライフ・サイク

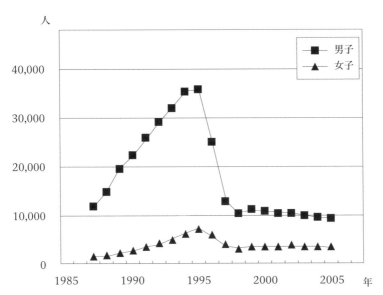

図1　アメリカにおける HIV と AIDS 死亡者数の年次推移（池田ほか，2009 より引用）

ルの各段階に応じて作用の異なる 3 剤以上の抗 HIV 薬を併用する HAART
（Highly Active Antiretoroviral Therapy；高活性抗レトロウイルス療法）が
用いられるようになってから患者の予後が著しく改善し，確実に服薬を続け
ればウイルスの増殖がほぼ抑えられるようになっています（公益財団法人エ
イズ予防財団，2015）。これに伴い，HIV 感染から AIDS に至り死を迎える
という事例が減ることになりました。池田ほか（2009）の分析と指摘による
と，アメリカにおける HIV/AIDS による死亡者数は，1987 年の男子 12,088
名／女子 1,380 名から急速に死亡者が増加し，1995 年には男子 35,950 名
／女子 7,165 名とピークを示し，1995 年前後を境に急激に減少し，2005 年
には男子 9,189 名／女子 3,354 名となったそうです。この 1996 年以降の死
亡者の急激な減少は，HAART 療法の効果によるものと考えられます。この
状況は，イギリスなど多くの国で同様に観測されたそうです。
　こうした HAART 療法の成果により，現在は HIV 罹患により AIDS を発症
し，そして死を迎えるという経過を辿らずに済むようになっています。早期
発見，早期の治療開始，確実で継続的な服薬さえ守り続ければ，HIV 感染症
は，もはや慢性疾患といえる範囲のものとなり，感染後 5 年以内の死亡率を

先進国の通常の死亡率程度にまで下げることができるようになっています。

2．日本における HIV/AIDS の状況

①薬害エイズ事件

　日本における HIV および AIDS の問題の始まりは，諸外国の場合とはやや異なりました。日本の場合，HIV/AIDS の歴史は，そのまま薬害エイズの歴史ともいえるものでした。

　そもそもの始まりは，1981 年にアメリカの国立防疫センターがカリニ肺炎（現在はニューモシスチス肺炎と呼ばれる）の多発の警告を発し，その翌年の 1982 年に血友病患者 3 人に AIDS 症状が発生したことから血液製剤に疑惑がもたれたところから始まります。同年 7 月 20 日付の，日本の毎日新聞でも「『免疫性』壊す奇病，米で広がる」という報道がなされたそうです。

　しかしアメリカから血液製剤を輸入していた日本では輸出国の警告に逆行するかのように 1983 年に血友病患者の自己注射の認可を行い，さらに同年に厚生省に設置された「AIDS の実態把握に関する研究班」の座長であった安部英医師が「（血液製剤からの）感染の危険はないので今まで通り非加熱製剤を使用してもよい」と言明しました。こうしたこともあり 1986 年まで非加熱製血液製剤が流通し，使用が継続され，その結果として多くの血友病患者に HIV を感染させてしまったということがあります。

　またこれら一連の問題が起こっている最中，こうした問題から焦点を逸らすかのような出来事がありました。1985 年には厚生省が男性同性愛者を日本人 AIDS 第 1 号認定して発表する事件があり，1987 年には神戸の風俗店勤務の女性が AIDS 認定されて神戸市内でパニックが起こった事件や，同年に高知県で妊婦が AIDS に感染していたことでパニックが起こった事件などでメディアが煽り立てました。本来は患者の利益のために原因究明と対策を講じる先導役であるはずの厚生省とメディアがともに HIV/AIDS の不安を人々に煽ったのでした。そのため，もともとは HIV/AIDS の病いと関係のないはずの血友病患者に対する偏見差別や誤解が助長された問題や，遅れて同性愛者などセクシュアル・マイノリティに対する偏見差別の問題，妊婦への感染といった話から感染経路や伝播の仕方への誤った理解を助長させる問題を生じさせました。

　薬害エイズの問題は，その後の 1988 年エイズ予防法成立，数多くの裁判

と結審を経て，現在に至っています。血液製剤から HIV に感染する例はなくなりましたが，今も非加熱製血液製剤により HIV に感染した血友病患者が苦しい闘病を強いられています。

② STI（Sexually Transmitted Infection：性感染症）としての HIV 感染症

　これまで述べてきたように，日本の HIV 感染は血友病患者の薬害による罹患が先行してきた歴史があります。しかし，近年の日本の状況は諸外国の状況と似たような傾向が見られます。厚生労働省が 2021 年に出した統計では，2020 年の HIV/AIDS の新規感染者の感染経路は，同性間の性的接触 66.9％，異性間の性的接触 14.0％，不明 13.3％，その他 4.9％，静注薬物使用 0.7％，母子感染 0.1％という順であり，HIV/AIDS の罹患の多くは，性的接触が主要な要因で，新規感染者の約 95％が男性であるということです。

　2020 年時点の HIV/AIDS の患者の累計数は 32,580 人であり，HIV 感染者は 4 年連続で減少傾向にありましたが，AIDS 発症した患者は減少から増加に転じています。日本は諸外国に比べて相対的な罹患者の数は少ないものの，この傾向の変化は新型コロナウイルスによる影響もあり保健所などでの受検ができないため HIV 感染から AIDS 発見が遅れたためと考えられます。国内だけの数字を見れば AIDS 患者が今後増加に転じそうな状況にあります（厚生労働省エイズ動向委員会，2021）。

Ⅲ．社会的死（Social Death）と喪失

> 「冬になったら友達と好きなスノーボードに行きたいし，家族と旅行にも行きたいです。ちゃんと仕事もしたいです。僕のしたいことは，普通にそして友達と同じように生活したいことです。でも今の僕にはなにひとつ友達と同じようにはできません。僕は今までもこれからも，何を目標に生きていけばよいのですか」
>
> （北海道 HIV 訴訟原告の陳述『北にはばたく』（p.67）より）

1．疾患への偏見

　HIV についての誤った影響力は，現在も根強く私たちの社会やコミュニティのなかに残っています。最近の例としては，2017 年に札幌市で起こった HIV 感染者内定取り消し訴訟事件が挙げられます。この事件は，ある病院に

ソーシャルワーカーとして内定を受けた社会福祉士の男性が，過去にその病院を受診したときの診察記録に HIV 感染の記録があったことから内定が取り消された，という事件でした。患者のカルテの目的外の使用も許されませんが，この時に男性が受けた病院の対応から，医療関係者でさえ HIV 感染症が慢性疾患化していることや，HIV が性行為による感染・血液を介しての感染・母子感染以外では感染しないという基本的知識を有していない事実を白日の下にさらすことになりました。

　この事件の裁判は，当然のことながら原告側の男性の勝訴となりましたが，失われたものも大きいといえます。その裁判の過程で自らの HIV 罹患を公にしなければならなかったこと，HIV 罹患が就労に影響を与える現実があること，こうした裁判に巻き込まれないかという雇用側の警戒心の植え付けという負の面は無視できません。

2．セクシュアリティへの偏見

　HIV/AIDS の主な感染経路は同性間の性的接触が多いことを指摘しましたが，HIV 臨床の領域では MSM（Men who have Sex with Men；男性とセックスする男性）という用語があります。多くの HIV 感染は，STI を意識した安全な性交渉（Safer Sex）を欠いた MSM が関係しています。こうした性をめぐる問題はセクシュアル・マイノリティが負う問題と重なることになります。生島（2016）は，HIV 感染者の高年齢層（40 歳以上）と若年齢層（2〜30 代）の質的違いについて，高年齢層は HIV 感染が差別や拒絶，死のイメージが支配的であり，若年齢層では性行動が始まる 10 代におけるセクシュアリティの自己受容や自己肯定の問題に加え，HIV 予防の情報や意識の足りなさがあることを指摘しています。そのうえで，「病への不安や恐怖よりも，病気に関連してみずからのセクシュアリティや秘密にしてきたライフ・スタイル，たとえば『男性とセックスをしていた』『男性の恋人がいる』などが表面化することへの忌避感が強く内面化している」ことがあり，このことが HIV の検査を受ける妨げになっていると指摘しています。そこには HIV 感染による病いへの不安ばかりではなく，感染に伴い自分のセクシュアリティが知られてしまうことによって，周囲との関係性の変化や喪失への怖れがあるといえます（生島，2016；針間，2016）。

3．社会的死（Social Death）

　社会的死（Social Death）とは，医学的な肉体の死（Biological Death）に対して，寝たきりの療養生活などで肉体的には生きていたとしても社会的な必要を満たせない状態をあらわす用語です。筆者はこの概念をさらに社会やコミュニティの問題として拡大しました。HIV/AIDS の旧来のイメージや偏見差別により，その罹患者が社会的不利益を受けて就職や学業を断念したり，制限されることも社会的死（Social Death）であることを指摘したのです（小林，2021）。

　HIV が医学的な病いであるだけであるならば，HIV 感染症から AIDS 発症に至り，療養生活を強いられるといった内因からの社会的死の問題に収まります。しかし現実の HIV 感染は，社会やコミュニティという外側から社会的必要を剥奪される社会的死の面があるといえます。内外からの社会的死は，それぞれで喪失体験を生じさせるといえます。

Ⅳ．隠喩としての病いと私たち

　　「私が言いたいのは，病気とは隠喩などではなく，従って病気に対処するには——最も健康に病気になるには——隠喩がらみの病気観を一掃すること，なるたけそれに抵抗することが最も正しい方法であるということだ…」

（スーザン・ソンタグ『新版　隠喩としての病い』(p.6) より）

　ソンタグ Sontag は，自らが癌を患い，癌にまつわる隠喩の意味を問いかけた『隠喩としての病い』を執筆しましたが，後に同じ問題意識を持って『エイズとその隠喩』を執筆しました。ソンタグが執筆した時点とは異なり，現在の HIV 感染症に対する治療は完治までいかなくても服薬を続けていれば寛解ともいえる状態にまで治療が可能となっています。HIV 感染症の治療は，糖尿病・高血圧症・高脂血症などの治療と同じく慢性疾患のひとつとさえいえる状態になっているのです。このことはつまり，HIV 感染症はもはや特別なものではなく，きちんと治療と生活を整えれば生きていられるということなのです。

　けれども HIV 感染症には, 今も特別なイメージが付きまといます。ソンタグの言葉を借りれば HIV は「隠喩としての病い」としての強固な意味を有しているからだといえます。

　それだけにソンタグが生きていた時点よりも「HIV の病いの問題の所在は, どこにあるのか？」という問いかけを先鋭化させることになります。HIV 感染症という病い自体の克服よりも, ソンタグが指摘したように「隠喩がらみの病気観を一掃すること」(Sontag, 1992 = 2013) が私たちの社会とコミュニティに要請されることになります。

V. おわりに

　　「しかし, 彼らはもちろん, 入所したからとて, すぐに死ぬわけではない。長い年月の間, 他の同病者たちとともに生活し, べつの社会的存在となる。一般社会から疎外されているという意識が孤独感を生み出しているのは, いうまでもないことだが, それさえ乗り越える患者がある」
　　　　　　　　　　　　（神谷美恵子『ケアへのまなざし』(p.56) より）

　HIV/AIDS に関する心理臨床は, 患者（もしくはクライエント）との関わりに留まらず, たえず社会やコミュニティとの関係性を意識しなければならない, 意識せざるを得ないものだといえます。なぜならば, この病いが薬害エイズ事件といった歴史的な社会問題を経ていること, 最初期の混乱から HIV が AIDS と直結して悲惨な死を迎えるという先入観を社会に作り出してしまったこと, 感染経路にセクシュアリティの問題があること, など幾重にも問題が重なり HIV/AIDS の不幸な病気観が形成されてしまっているからです。それでも幸いなことがあります。それは有効な薬が開発されていることです。もしかしたら今世紀中に HIV 感染症を完治する薬ができあがるかもしれません。しかしそれまでの間, 私たちは HIV にまとわりつく社会やコミュニティからの隠喩を一掃する努力が必要となります。そのためには HIV に関する知識の更新に努め, アドボカシー（Advocacy；権利擁護）の視点を持つことが大事であると感じています。

　たとえば筆者の知る話では, 母子感染によって感染した青年がいました。その方は, 自分の未来が描けず進学や就職への意欲を失い, 治療に期待が持てないといったことなどがありました。その方が病いになったことは, 過失

でも自己責任の問題ではないことは明らかです。この方のように，さまざまな社会的死のなかにあり，疎外感や喪失感を味わい，治療意欲に欠く患者がいます。筆者は HIV 派遣カウンセラーとして活動させていただいていますが，いろいろな理由から治療意欲を欠く方が医療につながるように関わります（小林ほか，2021；小谷野，2014；西尾ほか，1999；矢永，2009）。カウンセラーは患者が持つ周囲の偏見や将来への不安を受け止めつつ，HIV 感染とその予後の誤解を解きながら，治療に前向きになれるように働きかけるわけです。そこには患者が自らの正当な権利として治療を受け，未来に向けて自らの意思で受診を継続できるように働きかける心理支援する営みがあります。

　長らく偏見と差別にあったハンセン病患者の治療に従事してきた長島愛生園・精神科医の神谷美恵子医師は，患者が社会的な困難にありながらも，それを乗り越える患者の力があることを見て取りました。最近の言葉で表現すれば，レジリエンス（resilience）や PTG（Post traumatic Growth；心的外傷後成長）が患者に働いた姿といえます。このような神谷医師とハンセン病患者との取り組みは，HIV/AIDS の心理支援にも通じるものがあります。こうした営みは，社会に対して患者の正当な権利を擁護するアドボカシーにつながるものなのです。

　本文で紹介した事例は加工し，特定の個人を示すものとならないよう記載に配慮してあります。

　　文　　　献
Čapek, K.（1937）BÍ LÁ NEMOC. Český.（阿部賢一訳（2020）白い病. 岩波文庫.）
針間克己（2016）セクシャリティと LGBT. こころの科学（針間克己編／特集：LGBT と性別違和），189; 8-13.
北海道 HIV 訴訟原告団・弁護団・支援する会編（1998）北にはばたく―北海道薬害エイズ訴訟・闘いの記録. はばたき福祉事業団北海道支部.
池田一夫・灘岡陽子・神谷信行（2009）世界における HIV/AIDS 死亡の分析. 東京都健康安全研究センター年報，60; 283-289.
生島嗣（2016）LGBT と HIV. こころの科学（針間克己編／特集：LGBT と性別違和），189; 62-65.
神谷美恵子（2013）ケアへのまなざし. みすず書房.
小林茂（2021）HIV 臨床からみた Stigma と Social Death の問題. 東洋英和女子学院大学死生学研究所：死生学年報，17(1); 75-91.
小林茂ほか（2021）マンガでわかる HIV 検査における受検者支援の実際. はばたき福祉事業団.

公益財団法人エイズ予防財団（2015）HIV ／エイズの基礎知識.

厚生労働省エイズ動向委員会 (2021) 令和 2 (2020) 年エイズ発生動向年報 (1 月 1 日〜 12 月 31 日). エイズ予防情報ネット. https://api-net.jfap.or.jp/status/japan/nenpo. html（アクセス日 2022 年 5 月 8 日）

小谷野惇子（2014）HIV 感染症とゲイ・バイセクシャル男性への心理臨床. In：針間克己・平田俊明編著：セクシャル・マイノリティへの心理支援. 岩崎学術出版社, pp.170-182.

Kuhn, T. S.（1962）The Structure of Scientific Revolutions. University of Chicago Press.The Chicago Press.（中山茂訳（1971）科学革命の構造. みすず書房.）

西尾信宏ほか（1999）HIV 感染者へのカウンセリングの現状と問題点. 厚生の指標, 46-6; 11-17.

白阪琢磨・角谷慶子（2017）精神医療従事者のための HIV/AIDS ハンドブック. 平成 28 年度厚生労働行政推進調査事業費補助金エイズ対策政策研究事業.

『週刊現代』編集部（2021）無知と偏見が引き起こした日本「エイズ・パニック」の記憶. 週刊現代, 2021 年 11 月 27 日号；138-141.

Sontag, S.(1992)Illness as Metaphor and AIDS and Its Metaphors (Penguin Modern Classics). Penguin.（富田太佳夫訳（2013）新版 隠喩としての病い—エイズとその隠喩. みすず書房.）

矢永由里子（2009）医療と心理臨床— HIV 感染症へのアプローチ [日本の心理臨床 2]. 誠信書房.

第9章

尊厳をめぐる傷つきの語り
ハンセン病国賠訴訟における被害証言の聞き取り

徳田治子

Ⅰ．はじめに

　本稿では，著者が行ってきたハンセン病国家賠償請求訴訟で原告の被害証言の聞き取りを行った弁護士へのインタビュー調査をベースに，人間存在やその尊厳が傷つけられる経験や苦悩の問題を，語りとそれを聞き取る専門家のあり方という観点から考えていきたいと思います。以下では，まず，これらの語りに関する本稿の基本的立場について述べ，その後，ハンセン病国賠訴訟における聞き手の経験について考察を進めていきます。

Ⅱ．尊厳をめぐる語りと聞き手の位相

　本稿の基本的立場（観点）は，以下の3点にまとめられます。第1に，人間存在やその尊厳をめぐる傷つきの語りにおいて，当事者が，その出来事を自らの経験として語ることは，身体的にも心理的にも大きな負担を伴うものであり，決して容易なことではないということです。第2に，そのような困難さの一方で，尊厳に関わる傷つきの経験からの回復の手立ては，それが語られ，他者によって確かに受け取られ，聞き取られるという行為の中にあると考えます。第3に，語りの行為が回復の手立てになるには，それを受け取る聞き手側のあり方や態度が肝要であり，語りに臨む聞き手の経験を明らかにし，その語りに臨むための方途を具体的な事例を通して探ることが重要な意義を持つと考えます。以下，国内外の論考を参照しながら，本稿がとる基本的立場についてもう少し詳しく述べていきたいと思います。

　人間存在やその尊厳が脅かされる経験は，一般にトラウマや外傷的経験と位置づけることができます。外傷的な経験は，その出来事がそれまでその人が生きてきた経験の枠組みを遥かに超え，それを破壊してしまうものであるがゆえ，その人の人格的な物語には統合されない「凍りついた記憶」として留まり続けます（Herman, 1992）。ホロコーストの生存者へのライフストーリーインタビューのあり方について整理したクレンプナー Klempnerは，語られずにいるトラウマは，いわば完成を待っている終わらない物語であり，被害者が出来事を語るという行為のなかにこそトラウマからの回復があるとしました。この過程の中で，聞き手は，外傷的な出来事の"参与者（participant）"，"共同所有者（co-owner）"として，極めて重要な役割を担うことになります（Klempner, 2000）。

　自身もホロコーストの生還者であり，オーラルヒストリー研究者・精神分析家としてホロコースト・サヴァイヴァーの語りに関わってきたローブ Laub（1996）は，外傷的な語りを聞く際，聞き手には，全体的な麻痺の感覚や撤退，無感覚のほか，一見すると，相手を気にかけるような態度の中にも，その語りを拒否したり，回避したりする防衛的な態度が潜んでいることを指摘しています。このような態度には，一方でサヴァイヴァーに賛辞を与えるものの，それ以上知ることを通して親密になることを避けたり，事実的な説明の詳細にのみ没頭し，自分はすでにすべてを知っているとして，サヴァイヴァーの話に耳を閉ざすような振る舞いも含まれます。また，語り手の話に適切に応答できないことに心をかき乱された聞き手が，怒りを感じ，その出来事があたかもサヴァイヴァー自身の責任や何か悪いことをしたために起こったのだと考えようとするなど過度に情動的な反応がみられることもあるとしました。

Ⅲ．外傷的な出来事は世界への素朴な信念を打ち砕く

　ジャノフ＝バルマン Janoff-Bulman（1992）は，このような防衛的な態度の背景には，私たちの多くが世界や自分自身に対して持っている想定（幻想）が関係していると指摘しています。その想定とは，自分たちが生きている世界とは善なる場所で，悪い出来事よりも良い出来事がよく起こる場所であるというのものです。そして，たとえ悪い出来事が起こっても，それは不

適切な行動をとったか悪い行いをした人に生じるのであり，善い行いをしている限り，自分はそのような理不尽な出来事には巻き込まれないと信じることなどです。ジャノフ＝バルマンは，このような信念により，私たちは自分自身の傷つきやすさから目を逸らして生きていくことができているとしています（安藤，2009）。

他方，ジャノフ＝バルマンは，人間存在やその尊厳を脅かすような出来事は，そのような幻想を支えにして日々暮らしている私たちの拠り所を覆すものとなり，被害を受けた人は，世界はこうあるものだとする私たちの幻想を覆す存在として位置づけられると指摘しています（Janoff-Bulman, 1992）。その結果，私たちは，被害者が被った被害に接して，自分の幸せが脅かされたような気持ちになったり，自分たちとは異質な存在として距離をとろうとします。さらには，その問題自体への理解を拒み，その出来事を思い出さなくてもよいと考えたりします。社会心理学者のハーヴェイ Harvey（2000［安藤訳, 2002］）は，このような行動が生じやすいため，重大な喪失の多くは，被害者に対する差別やスティグマ（恥辱化）を伴いやすいとしています。

宮地（2012）は，「語りにくいトラウマは，聞く側が困難をもつトラウマでもある」とし，「聞きづらいことを聞くためには，聞く人の能力や容量が問われる。…（中略）…聞く側の困難や能力の不足を，当事者の語らなさや語りにくさによって，ごまかしてはならない」（p.35）と述べています。また，現実を直視し，それを言語化して乗り越えることに価値をおく"西洋流"の方針に常にのる必要はないと前置きしながらも，「あえて聞かない」「寝た子を起こさない」といった"日本の文化的な知恵"が当事者に沈黙を強いる方便として使われてはならないと警鐘を鳴らしています。

IV．ハンセン病国賠訴訟と「人生被害」の証言

1998年7月に九州を中心としたハンセン病療養所に入所する13名のハンセン病元患者によって熊本地方裁判所に提訴されたハンセン病違憲国家賠償請求訴訟（以下, ハンセン病国賠訴訟）は, 提訴からおよそ3年後の2001年5月11日, 同裁判所で原告側の全面勝訴の判決が告げられました。この訴訟は, 国がハンセン病患者に行った絶対隔離政策と「らい予防法」の施行の是非を争点とするものでした。国の隔離政策は90年にわたっており, これは

人間の一生に相当する年月です。訴訟の過程では，療養所内で行われた断種や中絶等の優生政策，患者作業と言われる強制労働の実態，医療従事者によるさまざまな患者差別などが明らかにされ，本来であれば，病気を治療し回復を目指すはずの療養所内で行われたさまざまな人権侵害の実態が一人ひとりの人生を通して証言されました（ハンセン病違憲国賠訴訟弁護団, 2003）。

　証言として語られた個々の被害の歴史は，自らの病いのせいで命を絶った近親者や断絶した家族への思い，断種や堕胎などによって失われた我が子の存在等，長い間，家族の間でも語られることのなかった思いや経験を含むものでした。「人生被害」として語られた証言は，まさに自己や他者の生命や尊厳に関わる傷つきの物語と言えます。

　画期的な勝訴判決を勝ち取ったとされる本訴訟ですが，提訴当時，第 1 次原告となった者はわずか 13 名でした。日本全国に点在する療養所に入所するハンセン病元患者・回復者の多くは，高齢であること，社会に根強く残る激しい差別や家族への思い，自らが生き抜いてきた人生の歴史を訴訟といった限られた場で取り戻せるのかなどといったさまざまな思いから，自らの人生を“被害”として位置づけ，訴訟の場でそれを語ることに大きなためらいや戸惑いを有していたことが指摘されています（蘭, 2004；ハンセン病違憲国賠訴訟弁護団, 2003）。

　他方，聞き手である弁護士においても，裁判当初原告の被害を捉え，その立証をどのように行っていくかにおいて，大きな困難を抱えていたことが報告されています（ハンセン病違憲国賠訴訟弁護団, 2003）。西日本弁護団の国宗直子氏は，勝訴判決から 1 年後，“被害を聞き取ることの難しさ”を次のように語っています（国宗, 2002）。

　　「弁護士としてこの裁判で一番難しかったことは何かということですけれども。一番難しかったのはなんといっても，被害の聞き取りだったと思います。…（中略）…何十年も療養所の中で暮らしている人たちの生活を，私たちの日常生活からはとてもやはり想像できないのです。そこにあるいろんな人としての痛みというものを私たちは想像しないといけない。この作業が，私たちにとっては一番大変だったのだと思います。…（中略）…ただ療養所に行ってどういう被害を受けましたかと質問しても誰も何も話をしません。今は幸せだからいいですみたいなことを言う人もたくさんいます。…（中略）…つまり私たちが何が被害かということをわかってこないと，その

人から被害を聞き出せないわけです」

　一方，一連の訴訟プロセスを振り返った記録においては，弁護士による被害聞き取りが，原告が自らの被害と向き合う重要な契機となった可能性が指摘されています（蘭，2004；ハンセン病違憲国賠訴訟弁護団，2003）。裁判前からフィールドに入り，元患者のライフヒストリーを丹念に聞き取ってきた蘭は，国のハンセン予防法対策が司法の場で断罪され，「社会問題化」される過程を通して，「語りえぬこと」が語られる状況が生み出され，原告をはじめとしたハンセン病問題の当事者が，自身の人生の意味を再考したり，自らに向けられたスティグマの眼差しを乗り越える契機となったことを指摘しています（蘭，2016）。

V．なぜ，弁護士の経験に注目したのか

　筆者は，2001 年 5 月の熊本地裁での判決以後，裁判に加わった原告や弁護士へインタビューを中心とした断続的なフィールド調査を行ってきました。訴訟で原告の被害や人生の歴史を聞き取った弁護士の被害聞き取りのプロセスに興味を持った理由は，調査の過程で，原告となった元患者が，法廷での証言場面や担当弁護士による被害証言の聞き取りプロセスを思い出し，それを生き生きと語る姿に幾度となく接したからです。また，多くの弁護士が訴訟後も療養所を訪問し，入所者と緊密な関係を継続していました。それらの弁護士に会って話を聞くなかで，「人生被害」の聞き取りプロセスは，弁護士に従来経験したことのない困難や戸惑いもたらすと同時に，それまでにない学びや専門家としての自分のあり方を見つめ直す“特別な裁判”として位置づけられていることがわかってきました（徳田，2006）。

　弁護士たちは，「裁判だから，語ってくれた部分がある」「自分たちが聞き取ったものは，被害のごく一部であり，まだ多くのことが語られていないまま」「裁判で全てが解決したわけではない」としながらも，それぞれが被害証言の聞き取りにおいて経験した「特別な裁判」における聞き取りの経験を語ってくれました。

VI．弁護士が直面した困難：被害証言を聞き取ることの苦悩と困難

　以下では，弁護士が語った裁判での証言聞き取り経験のうち，被害証言を聞き取る際に直面した困難とそれらが弁護士に与えた影響について述べていきます。弁護士が被害聞き取りの場面において直面した困難は，この裁判で明らかにしなければならなかった被害の重さや複雑さと密接に関係しています。これらの困難は，大きく 4 つに分けて捉えることができます（徳田ほか，2013）。それらは，①何をどのような "被害" としてとらえ，理解していくか（「被害が見えない」），②原告が自らの被害経験を積極的に語らない状況にどうアプローチするか（「被害が語られない」），③法や裁判という限定された枠組みのなかで，言葉では十分に言い表されない思いや経験をどのように聞き取り，証言として語ってもらうか（「被害を構成できない」），④痛みを伴う証言のプロセスをどのように受け止め，聞き取りを行っていくか（「被害を聞き取る痛みと躊躇」）等です。

　これらの困難に対し，弁護団全体ではさまざまな対応が試みられました。弁護団は時間と労力を惜しまず，何度も療養所に足を運び，原告らの話を聞くとともに，療養所の生活の中に溶け込み，そこで経験される自らの感覚とのズレや違和感を通して語られない被害の理解を試みました。また，歴史的資料を丹念に読み込み，過去の歴史を共有することによって，語り理解の文脈を厚くし，原告との語りの共有部分を拡げることで，ポツリポツリと断片的に語られる言葉を拾い上げていく努力を重ねていきました。

　また，個々の聞き取り過程では，①被害証言を聞き取る／語ってもらう目的や意図を丁寧に説明し，語りの文脈を共有しながら聞き取りを行う，②聞き取りの回数を重ね，繰り返し原告の話を聞いていく，③証言調書の作成においては，語られた内容を弁護士がその都度文書化し，それを原告に提示して修正してもらうといった相互作用を重ねることを通して証言の精度を上げていくといった試みが行われました。

　他方，弁護団内部では各弁護士による被害聞き取りの成果や課題が弁護団会議で頻繁に協議され，その中で，被害聞き取りの姿勢や被害理解のあり方，また，被害概念そのものの捉え直しが繰り返しなされていきました（徳田，2020）。インタビューに応じた弁護士たちは，被害聞き取りは，陳述書の作

成や法廷での尋問準備といった訴訟手続きの進展に伴って深まり，その過程は原告と弁護士の信頼関係が築かれていくプロセスでもあったと述懐しています（徳田，2006）。

VII. 痛みの感知がもたらすもの

　弁護士が直面した困難のなかで，著者が特に興味深く感じたのが，弁護士が被害を聞き取る際に感じた痛みとそれが被害を聞き取る弁護士の姿勢や聞き方に与えた影響です（徳田，2020）。

　弁護士たちは，被害証言の聞き取りにおいて，「傷を晒す痛み」や「人生の物語を壊す痛み」を感じたと語りました。「傷を晒す痛み」とは，苛烈な人権侵害の経験として自分のうちに秘めてきた思いや出来事の詳細を思い出して語らせる痛みです。弁護士たちは，「裁判である以上，被害は聞き取らねばならないこと」とする一方で，それを聞き取る自らの行為を「暴力的なこと」「傷口に塩を塗り込むようなかたちで新たにさらすようなこと」「一度乗り越えてきた傷をもう一度突きつけること」であったと振り返り，通常の事件では感じることのない痛みや躊躇を感じたと語りました。

　「人生の物語を壊す」痛みとは，個々の「生き抜いてきた人生の物語」をより大きな社会，歴史的文脈に位置づけ，法における「被害の物語」として語り直す作業を指します。弁護士は，このような物語の再構成過程としての被害証言の聞き取り過程を次のように振り返っています。

　　　「その人が心穏やかにそうまとめて，私はこういうふうに振り返って良かったという気持ちで生きていこうとしているところをね，もう一度，そこを壊して，もう一度振り返って組み立ててみましょうよっていう作業なので。で，その聞き取りの作業をしながら思うのは，やはりその人の人生を全否定するようなインタビューになっちゃう可能性があるわけですよね。それ違ったんじゃないのっていう話になっちゃう。そこを，そうじゃないよっていうことを理解していただきながら，話を聞かないといけない仕事だなというふうには思いましたね」

　訴訟手続きや裁判における弁護士は，語られた内容を受け止め聞き取る受動的な聞き手ではなく，原告側の代理人として，被害証言を共同で生成し，

その被害を共に訴える能動的参与者の立場に置かれます。そのため，弁護士の第一義的な責任は，聞き取り，伝えることになり，被害証言を聞き取ることに痛みや躊躇を感じた場合でも，それを回避したり拒否することは，立場上，許されないこととなります。むしろ，それらの苦悩は，弁護士の専門家としての責務や倫理的課題として突きつけられ，聞き手としての自らのあり方を問い直す契機として位置づけられることになります。以下に示す語りは，そのような弁護士が置かれた立場と心情を伝えるものといえるでしょう。

> 「それこそ，傷をえぐり出すんだから，えぐり出した傷を，きちんと，わしらは責任を取れるんだろうかというね，そこまでね，突き詰めていかないといけないような事件だったのは，確かですね」

Ⅷ．こうなりたかった夢を共有する被害の聞き取り

「聞き取りの作業自体がその人の人生を全否定してしまうことにつながってしまう」と述べた弁護士は，当時，駆け出しの弁護士であり，そのような苦悩の中で自分なりに得た被害の聞き取り方を次のように説明してくれました。

> 弁：その，違う選択があったんじゃないかっていう問いかけは，すごく難しいですよね。…（中略）…こちらから，学業を続けて，例えば，先生になるっていう人生があったんじゃないですかっていう投げかけをすると，なんか，すごく残酷な気がするんですね。だから，そうじゃなくて，あの，学業を奪われて療養所に入りましたという話をされた時に，もし，療養所にいかなくていいんだよっていう状況だったら，どうしてましたっていう聞き方をして，その人が，自分は本当はこうなりたかったんだよっていう夢を語るっていうのが，すごく，その人の気持ちを，あの，辛いものにしない話の聞き取りだったかなって思いますけどね。
> T（徳田）：そういう聞き方っていうのは，どこかで会得したというか，誰かのを見て，これかなというもの？
> 弁：いや（笑）。そうじゃないですね。
> T：試行錯誤で？
> 弁：うん。あの（笑）。えっと，本当に，あの，辛く長い人生を強いられた人に対して，どういうふうに聞いたらいいかなっていうふうに考えた結果

じゃないかなって思いますけどね。

　医療人類学者の浮ヶ谷（2014）は，根源的ケアという用語を用い，専門家が自らの実践の限界に直面し，苦悩するなかでこそ，苦悩に対処するための地平が開かれると述べ，その行為が持つ創造的価値に目を向ける必要性を指摘しています。先に紹介した弁護士が，「辛く長い人生を強いられた人に対して，どういうふうに聞いたらいいか」と考え，自分なりに得た聞き手としてのありようは，そのような創造性の現れと位置づけられるかもしれません。

IX．被害の証言と聞き取りがもたらしたもの

　訴訟からおよそ10年が経った際，裁判初期から原告となり，裁判後は語り部として各地で自らの経験を話していた女性は，著者に，「そんな恥ずかしいことを外でしゃべるなんてという人はいる。でも，私は聞いてくれる人がいるなら，どこにでも行く」「自分にとって辛い経験を語ることは決して楽なことではない。でも，私が語らなくてどうするという思いがある。恥ずかしいと思う気持ちが恥だ」と語ってくれました。

　奪われた人生や傷つけられた経験が，語ることや聞き取るという行為によってすぐさま取り戻されたり，修復されたりするわけではありません。弁護士たちが「裁判で全て解決できたわけではない」と語っていたように，訴訟での聞き取りが果たした役割は，それぞれの人生が受けた損害や傷つきに比べるととても小さなものだったかもしれません。

　しかし，誰にも語られず，聞き取られることを待っていた物語が，そのごく一部であったとしても，弁護士という聞き手を得ることによって語られた意義は，決して小さくなかったと思われます。人間存在や尊厳をめぐる傷つきの物語は語ることも聞くことも決して容易なことではありません。しかし，もっとも語られにくい物語は，もっともそれに耳を傾ける聞き手を必要としている物語です。語りとそれを聞き取るという行為が持つ困難さと可能性から目を逸らさず，聞き手としてのあり方についてさらなる探求を深めていくことが私たちに求められていることではないでしょうか。

　　文　　　献

安藤清志（2009）喪失体験と自己．In：高木修監修・安藤清志編：自己と対人関係の社会
　　心理学—「わたし」を巡るこころと行動．北大路書房，pp.138-44.

蘭由岐子（2004）「病いの経験」を聞き取る—ハンセン病者のライフヒストリー．皓星社.

蘭由岐子（2016）〈語りえぬこと〉をめぐって．In：ハンセン病フォーラム編：ハンセン
　　病　日本と世界—病い・差別・生きる．工作舎，pp.110-119.

Frank, A. W.（1995）The Wounded Storyteller. University of Chicago Press.（鈴木智
　　之訳（2002）傷ついた物語の語り手—身体・病い・倫理．ゆみる出版.）

Harvey, J.H.（2000）Give Sorrow Words: Perspectives on Loss and Trauma.
　　Philadelphia, PA: Brunner/Mazel（安藤清志監訳（2002）悲しみに言葉を—喪失と
　　トラウマの心理学．誠信書房.）

Herman, J. L.（1992）Trauma and Recovery. Basic Books.

Janoff-Bulman, R.（1992）Shattered Assmuptions. Free Press.

Klempner, M.（2000）Navigating life review interviews with survivors of trauma.
　　The Oral History Review, 27(2); 67-83.

国宗直子（2002）ハンセン病訴訟を担当して 2002 年自由法曹団 5 月集会新人弁護士研修
　　での講演から．http://www5b.biglobe.ne.jp/~naoko-k/danmayass.html（アクセ
　　ス日 2022 年 11 月 11 日）

Laub, D.（1992）Bearing witness, or the vicissitudes of listening. In: Felman, S. &
　　Laub, D.: Testimony: Crises of Witnessing in Literature, Psychoanalysis, and
　　History. Routledge, pp.57-74.

ハンセン病違憲国賠訴訟弁護団（2003）開かれた扉—ハンセン病裁判を闘った人たち．講
　　談社.

宮地尚子（2012）トラウマを語ること／語らないこと．In：宮武剛監修：月刊福祉増刊
　　現代の社会福祉 100 の論点，vol. 2．全国社会福祉協議会出版部，pp.34-35.

徳田治子（2006）"人生被害"はいかに聴き取られたか？：ナラティヴ実践としてのハン
　　セン病国賠訴訟における弁護士の聴き取りプロセス．心理学評論，49(3); 497-509.

徳田治子（2020）ナラティヴ・プラクティスにおける聞き手の脆弱性—ハンセン病訴訟
　　における弁護士の被害証言の聞き取りをめぐって．In：N：ナラティヴとケア，11;
　　63-69.

徳田治子ほか（2013）法と心理学会第 13 回大会　大会ミニシンポ報告「聴き取りをめぐ
　　って：『語るあなたと聴き取る私』」の課題．法と心理 (1)，13; 51-55.

浮ヶ谷幸代編（2014）苦悩することの希望：専門家のサファリングの人類学．協同医書出
　　版社.

第 10 章

原爆を「生き延びる」ということ
ロバート・リフトン『Death in Life』をめぐる抵抗についての一つの解釈

南　博文

Ⅰ．はじめに

　本稿では，広島における原爆被災という都市の全面的な破壊に際して起きた人間経験について，意味の次元での「喪失と回復」という観点から考察したい。もちろんこの小論で取り上げるには大き過ぎる主題である。原爆研究の蓄積は膨大であり，この数年という短期間をとってみても意欲的な社会科学系の研究書の出版が続いており，特に集合的記憶および記憶の文化という視点から 20 世紀の人類規模での歴史事象としてホロコーストと並列して論じる動きが顕著である（ツヴァイゲンバーグ，2020）。

　このような背景の中で，原爆体験を人類史の中で論じた最初の本格的な心理学的・精神医学的な研究であったロバート・リフトン Robert, J. Lifton の "Death in Life"（1967）とそれに対する主に日本国内からの批判的な反応を本稿では取り上げる。ここで英語の原題を使ったのは，まさにこの原題の翻訳をめぐって異論が提出されたためである。単なる翻訳の適切さという問題を越えて，そこに象徴的に表れた経験の当事者の側の「抵抗感」にこそ原爆という未曾有の破壊からの回復に必要な，心理的な問題を解く鍵が隠されていると考えるからである。同様の問題は，広島および長崎の被爆から時間的にも空間的にも遠く隔たった，2011 年 3 月 11 日の福島での出来事がたどった経緯にも，また類比した形で繰り返されているように思う。

　意味の次元での象徴的な回復が，原爆によってもたらされた世界の全面的な崩壊という出来事に直面した「生き残った人々（survivors）」には不可欠

である——これが臨床家としてのリフトンが見立てた診断である。そのまさに意味の次元における回復への道筋が，リフトンの書からは読み取れない。ここに広島の被爆者たちが感じた抵抗あるいは拒否の感覚の根っこにあった心理（気分）があると筆者は考える。それは，この本を同じく広島を研究する者として読む筆者自身にも起きる「抵抗」からも再認される。

　本稿では，意味に定位した「喪失と回復」の心理過程を構想したリフトンの先駆的な研究書が，当事者に引き起こした抵抗感の分析を行うことを通して，極限的な喪失とも言える広島および長崎における原爆被災という人間経験から学べる「回復への道」の一端を探っていきたい。

Ⅱ．筆者の立ち位置

　広島の原爆という主題を扱う場合，研究する行為と研究対象との関係という観点で，自身の背景を先に述べておくことがフェアであるだろう。

　筆者は，戦後12年が経った時点の広島市に生まれた。そこの街で育ち，大学教育を受けた。父は，二次被爆者，あるいは入市被爆者であり，原爆投下から数日内に救援を目的とする軍務で広島駅周辺に入った経歴を持つ。ただし，この事実を筆者が知ったのは成人後であった。認定上，筆者は被爆二世として法律的に扱われるが，自身の意識としては上記の経緯もあり，「後になって分かった被爆者の家族」という位置づけが正確かと思う。

　現在は，ニューヨークの9.11の問題を広島の経験と重ね合わせる「2つのグランドゼロ」というテーマで研究しており，そこであらためて原爆を対象とする心理学研究の問題に直に関わるようになった。同時に2002年から2003年にかけてのニューヨーク滞在中に受けた精神分析的心理療法で自由連想という方法を一定程度習得したことから，都市体験における無意識的な次元に関心を持って研究を進めている（南, 2018；Minami & Davis, 2019）。被爆者および広島の「生存者（survivors）」に関する心理学的な研究に対する自身の立場として，こうした深層心理学への親和性と，自身の中間的な位置づけ，すなわち被爆者というカテゴリーへの所属関係が揺れ動く場所に居ることが，扱う主題との関係にも反映することは留意すべきことであると自覚している。

Ⅲ．心理臨床家としてのリフトンへのアンビバレントな評価

　広島における原爆で生き残った人々，survivors に直接面接し，精神医学的見地からある全体像を提示するという点で，リフトン（1967）の研究をしのぐものは彼の前にも後にも皆無である。著者 Robert, J. Lifton は，エリック・H・エリクソン Erikson, E. H. らと共に「心理的・歴史的過程の研究グループ」を主宰し，文字通りエリクソンの後継者として 20 世紀の核の時代における精神的な危機を第一には研究面で究明し，さらには科学者の平和推進という社会活動の面でも世界のリーダー的な役割を取って牽引してきた。その彼が 1967 年に出版した "Death in Life: Survivors of Hiroshima" は，ピューリッツァー賞に比肩すると言われる全米図書賞を受賞するなど，米国をはじめ世界的に高い評価を受けた。日本語訳は，リフトン氏の広島での面接実施に当たって仲介の協力を行なった広島大学英文学の桝井迪夫教授らの翻訳によって 1971 年に出版された。2 段組で 500 ページを越える大著である。

　日本語訳での題名は『死の内の生命―ヒロシマの生存者』であった[注1]。原題が "Death in life" であったことを考えると，意味を逆転した翻訳になっている。訳者らは，あとがきの末尾で「なお，Death in Life の表題は，その意味をとって『死の内の生命』と訳すことにした。原文の表題は，死にとらえられた生命を象徴する」と説明している。後半の文章で原題の真意を明かしているが，書名としては原文に忠実な「生の内の死」という表現を避けただけでなく，全く逆の表記に仕立てたものとなっている。明らかに広島の被爆者たちに配慮した上での訳者らの選択であっただろう。

　しかし，本文を読み進めていくと，このような訳上の操作によっても緩和できない著者の被曝体験の本質理解のあり方が何度も繰り返し論理的に説明され，さまざまな側面から分析し直されて，一つの理念に行き着くことに気づく。それは先に引用した訳者の説明の後半にあったように，被爆者の面接

注 1)　本書の文語本版は，2009 年に岩波現代文庫として出版され，題名も『ヒロシマを生き抜く―精神史的考察』と改変されている。積極的な生への態度を強調するものになっているが，この改変は，むしろ本章で述べる原書からの意味の逆転をより強化するものとなっている。

が示す体験の本質は,「死にとらえられた生命を象徴している」という一点である。したがって,「生の内の死」という原題は,エリクソン派の心理・歴史的なアプローチを習得した精神医学者としてのリフトン氏が,原爆投下から17年を経た時点で70数名の被爆者へのインタビューと原爆に関わる文学作品や映画などの広範な文化的産物の渉猟と分析を通して掴んだ,Hiroshimaのsurvivorsについて抱いた統合的イメージそのものであった。

　さらに翻訳の上で,原文の直訳を避けた箇所として第3章の章題「見えざる破壊」がある。英語原文は,"Invisible contamination",すなわち「見えざる汚染」であった。ここでcontaminationとは,被爆者の身体と精神に混入した放射線被爆による汚染であり,原爆投下後から発生した嘔吐,下痢などの内臓系の異常に加えて皮膚に生じた紫色の斑点など,それまで見たことのない疾病の形態とそれらが現れると数日内に死が訪れるという恐怖の内在する「原爆症」に対する人々の神話的な反応を含んだ「噂」の内実である。放射能を浴びた広島は今後75年(あるいは70年)草木も生えない人の住めない土地となる,との言説が飛び交ったことからも分かるように,原爆は環境と等しく人をも決定的に汚染してしまった,それは被爆者から他の者にも伝染する「汚れ」のような見えない毒的な存在として忌避された。こうした人々の間に広まった信念をリフトンは,「見えない汚染」という象徴化された秩序崩壊の印として位置づけている。彼の「原爆症」理解の鍵概念の一つと考えられるが,日本語訳の章タイトルにおいては「破壊」という一般的な用語に置き換えられている。

　訳稿において原文からの意訳,あるいは全く逆転する翻訳が行われた箇所をこのように見ていくと,それが日本語でこの書に接する読者にとって,とりわけ原爆被害の当事者にとって受け入れ難い内容であることが容易に推察される。訳者はそのような当事者の心理をおもんばかって,原意をカモフラージュした和文を用いたのだと言える。しかし,広島・長崎の経験から学ぶ姿勢をもつ者にとって,このような編集的婉曲はかえって問題の本質を隠してしまう恐れがある。「生の内の死」も「見えざる汚染」もリフトンが,被爆後17年の時点での広島の被災者に見出した心理的な臨床像であったとするならば,それは包み隠さずに直視されるべき問題である。

　一方で,リフトンの代表作であるこの本の書名に対して向けられた当事者あるいは広島の問題を考える者からの異議申し立ては,研究の結果をどのよ

うに当事者に返していくかという，臨床的な実践に関わる現実課題に触れている。ここでは，原爆を研究する立場と，原爆を生きる立場との違いが改めて浮き彫りになる。あくまでも真理追求という学問の観点からリフトンが見出した被爆体験の意味と，それに基づいた回復の道のりについてどのように当事者との関係性の中で具体的なコミュニケーションを行うかについて，今なお我々にとって再考を迫るものである。その点で，リフトンの "Death in Life" は，問題を発する書であると思われる。寺沢（2011）は，同じく書名の訳の問題を指摘しつつ，リフトンの書がもたらした否定的な影響のありかとそれに替わる被爆者の思いにより近い，別の方向を探る論を提示している。その基調は，筆者が感じた違和感と共通するものであるが，代替案を提示する前に何が問題として引っ掛かりを起こしたのか，まずはその背景を理解することから始めたい。

IV．異議申し立て

　"Death in life" の日本語訳『死の内の生命―ヒロシマの生存者』は，1971年2月28日に朝日新聞社より出版されたが，同年の7月29日付けの広島の主要メディアである中国新聞に「R・J・リフトン著『死の内の生命』への疑問」と題された記事が掲載された。記事の著者は，「生ましめんかな」という詩で地元でもよく知られる広島在住の詩人であり文芸を中心とした活動家でもあった栗原貞子氏である（栗原，1975に再録）。

　栗原は，「この本は学問的立場から鋭い分析力を駆使し，系統的に記述されたもので，日本人が手をつけてこなかったこの分野での貴重な研究であることは誰も否定できないであろう」と学術的な価値は評価した上で，「にもかかわらず読後に残るものは，被爆者やその運動に決定的な致命傷を与えるような悪いイメージであり，なんとも後味がわるい」と続ける。ここでは個々の論述の詳細というよりも，リフトンの書が全体として読者に与える「後味のわる」さ，あるいは被爆者という存在を生きていく者に対する希望の無さが，学問的な厳密さによってかえって裏づけられてしまうことへの異議申し立てが語られている。

　一方で，1975年にまとめられた栗原の評論集『ヒロシマの原風景を抱いて』を読むと，上記の新聞記事を含め，リフトンの本を読んだ上でのヒロシ

マの survivors に対する一つのビジョン，すなわち「原爆によって，調和を破壊された人間の全体的破壊」（p.90）という解釈が栗原自身によっても了解されていることが伺われる。広島における文学上および社会活動の面でも同志であった歌人，「正田篠枝の7回忌によせて」と題された文章において，正田の『さんげ』にある代表作を評して，「映画的な手法が一首ずつの視点を移動させながら，人間の上に加えられた原爆の全体性をとらえることにより，回復不能の破壊を行なったものを告発している」（p.132）と評していることからも，「回復不能の破壊」という点ではリフトンと類似した見解を栗原が抱いていたことが理解される。

　栗原が受け入れられないのは，学問的に書かれ，「複雑な心理の両面性を微細に分析」していくリフトンの筆致が「徹底した被爆者無視」であると映る点である。それは，広島への原爆投下後，被爆がもたらす人体への影響に関する医学的な調査を目的としてアメリカによって設置された研究機関ABCC（Atomic Bomb Casualty Commission；原爆傷害調査委員会）を引き合いに出して「被爆者の心理奥深くメスを入れた原爆による精神的影響を調査するABCC的心理研究ではあるまいか」という書き出しから上記の『死の内の生命』への疑問が投げかけられることに象徴的に表れる。このことは，精神医学の研究者リフトン自身が，同書の中で原爆の被災者を研究するアメリカ人に向けられる抵抗として冒頭に述べており，ABCCに対する「モルモット扱いにされた」という被爆者の反応についても入念な分析を行なっているにもかかわらず同様な反応が起きたという点で，皮肉な結果とも言える。

　リフトンが自身の学問的な基盤とする精神分析では，患者の側に起きる「抵抗」の発生を，症状と共に無意識的な作用が起きている証拠として重要視する。したがって，自著が日本語訳され，広島の関係者によって読まれる際に起きる抵抗感についても，織り込み済みであったかもしれない。さらに問題を複雑にしたのは，すでに述べたように "Death in Life" が『死の内の生』と全く逆に訳さなければ，日本の読者に受け入れられないだろうと事前に対処した訳者らの「善意」が，かえって本書の日本語版について隠蔽的な印象を与えてしまったことである。

　この題名をめぐっての疑問を正面から捉え，「被爆者は『生ける屍』か」と告発したのがアメリカ在住の数学教師として広島・長崎の問題を草の根レベルの市民活動として展開していた秋葉忠利氏[注2]であった（寺沢，2011）。秋

葉自身は，広島出身者ではないが，学生時代から通訳として広島の原水爆禁止世界大会に関わってきた経験から，アメリカ滞在中に米国の地方のジャーナリストを広島市に派遣する通称「アキバ・プロジェクト」と呼ばれる活動を推進してきた。その初期の選考委員に当時すでにヒロシマ研究の権威として著名であったリフトン教授を招き入れている。しかし，自身の滞米体験をまとめた『真珠と桜─「ヒロシマ」から見たアメリカの心』（1986）では，リフトン氏による "Death in Life" に反映している被爆者観に対して真っ向から反意を表明する。米国滞在歴 20 年の秋葉にとって，この原題が意味するところが「生ける屍」であることは明白であり，しかもこのような精神構造を産み出した背後にあるのが survivors が抱く生き残った者の「罪意識」であるというリフトンの解釈図式に対して秋葉は同意できないと言う。何よりも秋葉が接してきた被爆者の姿が「生ける屍（Death in Life）」という言葉を当てはめることがいかに侮蔑であるかを物語っており，「個人として核兵器に対決」する姿勢を見せてきた人たちであった。

　栗原の示した「疑問」も，秋葉の抗議的な反論も，リフトンの書が引き起こした，原爆を受けた者の側からの抵抗感という感情レベルの反応を含むものである。その両者が書名に含まれる 2 つの語，「生」と「死」との間での比重の置き方，見方に関する基本的な見解，すなわち「死」を優先する著者リフトンに対して，「生」の側で被爆者を見ていこうとする姿勢で共通している。このことの意味と意義を考えてみる。

Ⅴ．問題の本質はどこにあるか？

　リフトンは広島の survivors に「象徴的な死」を読み取った（Lifton, 1964）。それは彼の心理－歴史的な精神医学からの時代認識として，核の脅威に曝された人類を取り巻く精神史的状況の見立てと一致する「証拠」であった。彼自身がインタビューした 70 数名の被爆者および広島の文化人との面接調査の中で，人間が自らの身体と自身を取り巻く世界の両方について，回復不能な死の刻印を帯びたまま生き長らえる，という生に対する根本的な信頼の破壊を経験しているとの洞察を得た。その洞察をリフトンは，被爆者

注 2 ）秋葉忠利氏は，その後，広島市長の職に就いた（1999 年〜 2011 年）。

の語りの提示によって我々の前に突きつける。「生の内の死」は，この人たち
自らが証言している被爆者の内的な真実であると主張するかのように。

　自身が被爆者である側は，リフトンのこのような見方に対して自分たちの
存在が否定されたと感じる。それは，先に挙げた栗原の「徹底した被爆者無
視」という強い発言にも表れている。この点は，同書を実際に読んでみる中
で，引用された被爆者の語りとそれに対して述べられる著者の精神医学的な
臨床診断のあからさまな分析的断言が，栗原の評した「メスを入れ」るとい
う感覚を引き起こすのを筆者も感じた。一例を挙げると，原爆ドームの近く
で土産物売りをしているある男性が，原爆症が衰弱していくイメージを与え
るのに抗議して「私はいつもその殻（被爆者に設けられた特別なワク）を捨
てろ，といってやるんです。そんな生き方をしなければならないと思うこと
自体が彼らを不幸にするんですよ。人生に立ち向かっていく……もっとファ
イトを持たなくちゃあ。私自身はそのからを抜け出して，とっくの昔にそん
な段階を卒業しましたよ…（後略）」とインタビューで答えているのに対し
て，リフトンの解説は次のように続く。

　「事実，彼は原爆で受けた傷のため大がかりな入院加療をして以来，精力を
喪失したので，自分のインポテンツに抗議していたのである。…（中略）…
それは原爆の肉体的影響に違いないと考えられているが，たいていの場合は
多分に心理的な影響が関与していると考えるべきである。この兆候は，犠牲
者としての被爆者の感じるディレンマ，すなわち不真面目な被爆者のイメー
ジに抗議する口の下から無気力さを示し，性的不能と共に連想される認め難
い他人への依存状態，憤り，罪意識等の心理的複合体を縮図的に示している
といえる」（リフトン，1967=2009, pp.289-290）。この文章を当事者が読む
ときどのように感じるかについての顧慮がここにはないように思える。

　精神医学の中で，特にフロイト Freud, S. 以来の精神分析においては，分
析的中立性が重んじられる。中立性とは，患者に肩入れするのでも，またつ
き放すのでもなく，無意識が導くところに従って「それ」が語るものに耳を
澄まして聴きとる姿勢である。リフトンの書を読んで感じることが，被爆者
との距離感であったとするならば，それは彼の職業的な訓練がもたらした冷
厳さと言うものかもしれない。

　しかし，ヒロシマの研究を企画する職業人としての彼に，被爆者に実際に

会う以前から「死および死のシンボリズム」という主題への肩入れがなかったと言い切れるであろうか。

　一方，秋葉が疑問を呈した生存者の中に潜んでいる生き残ったことへの「罪の意識」という問題は，広島の被爆者に限らず"survivor's guilt"として臨床的によく知られた現象である。「いっそあの時に死んでいた方が良かった」という心境は，リフトンの分析を経由しなくても我々に了解できる残された者の感じる負い目である。では，そうした負い目を内心に抱えていることは，死の象徴性（death symbolism）を生に刻んでいることになるのか？

　いずれも簡単には答えられない問題である。個々のケースによるであろうし，著者がどのような理論的な枠組みに立って，目の前の語りから「それが表そうとしていること」，すなわち「意味」を抽出するかにかかっている。この問題に対して体系的に答えていくためには，栗原が願望として書いていたように「このぼう大な記述に対して時間をかけての共同研究がなされなければならない」（栗原，1975, p.92）。学問的な厳密さにおいてそれは遂行されるべき課題である。

　リフトンの書をめぐる当事者からの抗議と反発の本質はどこにあったのであろうか。原爆の「生存者」というわれわれが当面している主題において，その人々の経験のより真正な理解が重要であることはもちろんであるが，理解がその人たちの「生存」にどう寄与するかという実践的な面からの考慮を忘れてはならない。「意味」の問題は，むしろそこと切り離せない実存的な要請である。リフトンの書に対する反発の底にあったものは，彼が，生と死との緊張関係の中で，「死」をクローズアップして取り出した点にあったと言えるであろう。Survivors とは，生存者であり，生き延びて来た者であり，現に生きている人々である。その事実性の中で，「生」はすでに肯定されている。先の土産物売りの男性の発言は，素朴にこの生の肯定を語っているのではないか。

VI.　仮のまとめ——喪失からの回復における意味の役割

　ここで，われわれは「回復」という問題に着手することになる。被爆という体験が自身と世界との調和に対して「全体的な破壊」と感じられる脅威を与え，被爆者は「見えざる汚染」という自身と周囲の環境への現実的・象徴

的な侵襲を経験する。臨床家として，リフトンは，被爆者とのインタビューからこのような臨床像を得た。専門家，「心」の領域のプロフェッショナルとして，このような理解をすることは，問題への解決の前提となる。仮にこの臨床的理解が妥当なものであったとしても，それを当事者との向き合いの中でどう扱うかは，また別問題であるだろう。被爆者の生には死の影，「死のシンボリズム」が浸透している。しかしそれにもかかわらず，この人々は「生きている」。その現に生きているという事実を肯定するならば，そのような状況において問題の理解と共に，そこからの「回復」はどう達成されるかが問われなければならない。

　この問題へのアプローチを詳述することはできないが，他ならないリフトンの理論が，象徴レベルでの回復，すなわち秩序感の回復という方向を提示していたことをここで述べておく。秩序感の回復は，失ったものを元通りに取り戻すことによって達成されない。むしろそれが不可能であると受け入れた上で，自らの生に新しい意味を与える象徴次元でのフォーミュレーション，すなわち意味づけの再構築によってなされる。

　ヒロシマと比肩される第二次世界大戦下でのホロコーストを生き延びた者が，加害側への徹底した糾弾という外在化した行為において，そして文学作品や社会科学的な研究への旺盛な専心と多産によって目に見えた「怒り」の表出を行なっているのに対し，広島の被爆者の沈黙が特質として指摘される。リフトンは「心理的麻痺（Psychic Numbing）」との用語でこの現象を生の中の無化の現象として理解した。しかし，われわれは，意味の次元におけるフォーミュレーションのあり方として，際立って「怒り」という形を表さない喪失からの回復の経路を想像してみるだけの歴史の時間を得ているように思われる（手塚，2021）。

　ここで，『ヒロシマ・ノート』をかつて著した大江健三郎氏が，本稿で議論してきたリフトンの本に言及して「『生命の中の死』，つまりは死んだように生きている人びとと，ヒロシマの生存者の精神状況を読みとったアメリカの心理学者がいた」（大江，1988, p.214）と柔らかく批判しながら，自身を含めて「人間的な希望をはっきりかかげて書くのでなければ，ヒロシマと核状況について書くかいはない」と述べていることが注目される。それは容易な課題ではない。大江の『ヒロシマ・ノート』では，原爆病院の重藤文夫院長の常人を越えた治療活動への専心とその威厳ある存在感を通して，原爆投

下への静かな怒りが描かれていた。リフトンと同様に，手塚（2021）も，原爆を扱う文学作品や映画などを通して，被曝体験の意味の深化を読み取っている。そこでは，表立った怒りという形を取らない被爆者の「かなしみ」という形で深化していく語りの表出の持つ文化性が問われている。共に悲しむという共感の達成が，喪失を新たな次元で回復へと向かわせる心理的契機になる可能性がここからは示唆される。「死のシンボリズム」とは内容においても，機制においても質の異なる意味的な世界が広がっているように思われる。

　大江が新しい文学を生み出す若い人々に向けて，想像力の問題を説いたように，回復の過程としての意味の次元に着目しながら，ヒロシマ・ナガサキの体験の中から新しい意味の創造をもたらす心理学的な作業が出現することを待ちたい。

　　　文　　　献

秋葉忠利（1986）真珠と桜：「ヒロシマ」から見たアメリカの心．朝日新聞社．
栗原貞子（1975）ヒロシマの原風景を抱いて．未来社．
Lifton, R.（1964）On Death and Death Symbolism: The Hiroshima Disaster. Psychiatry, Aug, 27(3); 191-210.
Lifton, R.（1967）Death in Life: Survivors of Hiroshima. Basic Books, Random House.（桝井迪夫監修，湯浅信之・越智道雄・松田誠思訳（1971）死の内の生命―ヒロシマの生存者．朝日新聞社．／同（2009）ヒロシマを生き抜く―精神史的考察，上下．岩波現代新書［再刊］．）
南博文（2018）ストリートの記憶と痕跡―ニューヨークと広島の遊歩から都市の無意識を辿る．In：関根康正編：ストリート人類学―方法と理論の実践的展開．風響社，pp.131-158.）
Minami, H. & Davis, B.（2019）Mirrored reflections: (Re) Constructing memory and identity in Hiroshima and New York City. In: Opotow, S. & Shemtob, Z. B. (Eds.): New York After 9/11. Fordham University Press, pp.41-66.
大江健三郎（1988）新しい文学のために．岩波新書．
手塚千鶴子（2021）原爆をめぐる日本人の語り：怒りの不在の視点から．文芸社．
寺沢京子（2011）〈生の中の死〉と〈死の中の生〉：リフトンの Death in Life と被爆者の思い．21 世紀倫理創成研究，4; 68-84.
Zwigenberg, R.（2014）Hiroshima: The Origins of Global Memory Culture. Cambridge University Press.（若尾祐司・西井麻里奈・髙橋優子・竹本真希子訳（2020）ヒロシマ　グローバルな記憶文化の形成．名古屋大学出版会．）

第3部

喪失と心理療法

第 11 章

喪失と音楽
非行少年の「大切な音楽」とその語りが示すもの

松本佳久子

——言葉で語れぬものを語るのが音楽です。だから俗世のものではない。
——神のものですか。
——違う。なぜなら神は語られるからだ。
——耳に？
——まことの音楽は耳に語らぬ…（中略）…。
——沈黙に？
——沈黙は言葉の裏側でしかない…（中略）…。
——分からない……分からぬ……死者への贈り物と？
——そのとおりだ。
——言葉なきものたちへのささやかな慰めと？
　　　　　（アラン・コルノー監督，映画『めぐり逢う朝』1991 より）

Ⅰ．非行臨床の場の特殊性と音楽

　刑務所の高い塀に挟まれた表門をくぐり，二重の施錠扉を通過すると，目の前に工場棟が幾重にも連なる景色が広がります。受刑者が隊列を組んで歩く足音や，番号点呼の声が響き，非日常的な凛とした雰囲気に自然と身が引き締まります。

　刑務所や少年院などの矯正施設では，犯罪・非行からの改善更生とともに，社会復帰を促し，再犯・再非行の防止を目指した矯正教育が行われています。筆者は，矯正教育や処遇の一環として音楽療法を導入してきました。音楽を媒介としたナラティヴ・アプローチを行うなかで，幼い頃に死別・生別を問わず，親など身近な人との離別経験を語る少年が少なからずいることを実感しました。桝屋（2021）は，少年院の少年たちの印象として，「他者や社会や

自分自身への強烈な信頼感のなさ」を挙げ，その背景には，安心できる生育環境の不足と，トラウマティックな体験の積み重ねがあることを示唆しています。また，藤岡（2001）は，虐待やいじめなどの被害体験を持つ非行少年が加害者になるという暴力の円環を断つには，少年たちが自分の感情に気づき，現実に即した認知ができるようになることが重要であると述べています。

　しかしながら，非行少年は内的世界を言葉で適切に表現することが苦手な傾向にあり，それに加えて，加害行為自体から心的外傷を受けている場合もあります。さらには，「取り返しのつかないことをした」という思いや，事件が自己の内外にもたらす影響，そして将来の見通しが立たないことなどによる不安などが複雑に絡み合い，希死念慮に至る少年にも何度か出会いました。

　また，一見したところ内省的で理路整然と語ることができていたとしても，どこか実感が伴わない，自己と切り離されているような語り口に違和感をおぼえることも多くあります。これは，犯罪に至った動機が事件の後から意味づけられ，司法の場においてそれらを繰り返し語るうちに，次第に周囲の「大人」に了解可能なかたちへと収斂され，文脈が固定化されたことによるのではないかと考えます。

　ある少年受刑者は，音楽療法を終えて次のようなメッセージを書いていました。

　　　「言葉というものは発せられるときにすでに意は固定されていて，絶対といっていいほど伝達される側もその意のまま受け取ります。しかし，音楽は相対的に感受され，その意は心の内から生まれると思います。更生というものも，他から強要されるものでは無く，最終的には自分の内から生じるものだと僕は思います。ですからこの音楽活動ではこれまでには無い部分（内からなるもの）が満たされました」

　この少年は，「ア・プリオリ」な意味を持つ言葉の世界，つまり，すでに自明のこととして固定化された絶対的な意味をもつ世界にいたのではないかと考えます。少年が示したこの“言葉”と“音楽”との対比は，ブルーナーBruner, J（2002/2007）の「法的なナラティヴ」と「文学的ナラティヴ」にあてはめることができます。ブルーナーによると「法的ナラティヴ」とは，過去の現実の文字通りの記録であり，一方，「文学的ナラティヴ」とは，日ごろなじんだ慣習や期待を覆し，現実を「仮定法化」するもの，可能なるも

の，象徴的なものを見ようとするものであるとしています。両者はひとかたまりのパンの半分のように，記憶と想像力との不安定な結合によって存在しています。

　音楽によるナラティヴ・アプローチ，すなわち「大切な音楽」についての語りには，音楽を「聴き」「語る」という 2 つの体験課程が含まれています。その中で聞き手は，「大切な音楽」の音や響きを概念化・言語化される以前の感覚的なものとして，" 今，ここ " で受けとめていると考えます。先の少年受刑者にとって，「大切な音楽」の語りが「法的なナラティヴ」から「文学的ナラティヴ」への架け橋になったのではないかと想像します。そのことを今となっては本人に確認することはできませんが，それ以来，筆者は音楽をなぜ臨床に用いるのかを常に自問しながら現場にのぞんでいます。

　語りのテーマは，当初「人生の転機に聞いていた音楽」としていましたが，幅広い層に適用できる様，少年受刑者らとともに模索し，「大切な音楽」に至りました。「大切な音楽」についての語りは，過去の大切な人物や出来事と関係の深い音楽を媒介とし，想起して語る点において，バトラー Butler（1963）が提唱したライフ・レビューと共通するところがあります。しかし，「大切な音楽」と言うテーマから，" 懐かしい音楽 " や " 人生の転機となった音楽 " の他に，" これから大切にしたい音楽 "，つまり更生に向かう自分への応援歌などへと連想を広げることもできます。つまり，「大切な音楽」をテーマにすることによって，回想に限定されない多様な意味の連関をもたらすことにつながります。このことにより，固定化した語りの文脈をくずすことを目指しています。

　音楽ナラティヴ・アプローチの流れを図 1 に示します。初回から 2 〜 3 回目までの導入部分においては，リクエスト曲を歌ったり，ドラムセットなどのパーカッションを用いた楽器アンサンブルをグループで体験します。受講者の大半はドラムの初心者ですが，4 ビートや 8 ビートなどの基本となるリズムを用いるほか，使用する楽器を工夫して楽器の操作をシンプルにすることによって，経験を問わず演奏が容易となり，自ら即興的で自由な表現が可能になります。このことにより，誰の音も調和しながら対話的音楽経験が共有できるようになり，安全・安心に語りあえる場が徐々に醸成されていきます。そして，プログラムの中盤においては，それぞれの「大切な音楽」をフルコーラス聴いた後でまず選曲した本人が語り，その後グループで話し合う

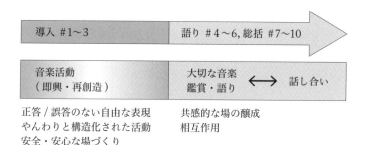

図1　「大切な音楽」の語り（松本，2005）

という流れで行っています。音楽療法を担当する刑務官や法務教官，そして筆者も自らの「大切な音楽」を提示し，語ることがあります。

　ある時，「少年院にきた初日の夜，この音楽が流れたんです」と語った少年がいました。さらに語りをきくと，その曲が実際に施設で流れたのではなく，就寝時に頭の中で思い浮かべた旋律だったことがわかりました。他の少年たちも「頭の中でリアルに音楽が流れる」ことはよくあると口々に言い，それを聞いた法務教官が，「それで君らは，よく日誌に歌詞を書いているのか」と心から納得していました。

　矯正施設においては，余暇時間にテレビやラジオを視聴することはできますが，インターネットは全く利用できません。これまで音にあふれた日常を送ってきた者にとって，環境が一変することになるでしょうし，そういったところからも社会との隔たりをひしひしと感じるのではないかと想像します。それゆえ，彼らの「大切な音楽」を矯正施設内に持ち込むことは，それ自体がすでに治療的に機能すると考え，筆者はとても大切にしています。

Ⅱ.「大切な音楽」の語りの実際

　ここで，音楽療法の臨床の場面における語りの事例を挙げます。なお，受講者の名前は全て仮名で示しており，個人情報保護のため，内容の一部を改変しています。

1．少年院における少年の語り

　音楽ナラティヴ・アプローチは，少年院における「支援教育過程Ⅲ」とし

て類型化され，その特性に即した「治療的指導」の一環として行っています。「支援教育課程Ⅲ」とは，義務教育を終了した，知的能力の制約，対人関係の持ち方の稚拙さ，非社会的行動傾向等に応じた配慮を要する少年であり，おおむね17歳〜20歳の4〜5名ごとのグループに対してこのアプローチを導入しています。主な罪名は，窃盗，傷害，大麻取締法違反などです。

　ユウト（仮名）は，「明日への扉（I WISH）」（作詞／作曲　ai）を「大切な音楽」として選び，一つひとつの言葉を探るように語りはじめました。

　　　この曲を聞いていたのは，お母さんの車の中です。あまり記憶はなかったんですけど，小学校に入る前くらいに聴いていたみたいで。お母さんが僕が小1の頃に亡くなってしまって，僕も小さかったんで，あまり記憶がなくて……。小2か小3の頃，姉の卒業式で，「旅立ちの日に」という曲を在校生が歌うのを聴いて，なんでか分からんけど，わーって泣いてしまったんですよ。たぶんメロディーが「明日への扉」と一緒なんです。歌っている人も一緒で。"大切な何かを守るとき踏み出せる一歩が勇気なら……"という歌詞のことばを紙に書いて，次の日にお母さんは自殺したみたいで……。で，そのこともバアーッと忘れてて。で，少年院に入る前に，音楽番組でこの曲を聴いて，「こういう曲あったな」みたいな感じで。「大切」っていうか，でもお母さんとの思い出がないんで，その……まあ，唯一の思い出というか，なんか不思議やなって思った。もう小1の時で大事な場面とかはあまり覚えてないんです……僕のことをどう思ってたかとか，お母さんの面影もないですけど。この曲を聴いたら，ちょっとした家での思い出とかを思い出して，悲しいというより，なんか楽しいじゃないけど，めっちゃ不思議な感じなんです。僕のきょうだいの中では，多分この歌が一番「大切な歌」っぽいんです。

　ユウトは，「大切な音楽」を聴いた時の感情として，「悲しいというより，なんか楽しいじゃないけど，めっちゃ不思議な感じ」という言葉にならない言葉で表しました。まさに，「母ありて　われあり　かなしくも　なつかし……」というサトウハチロー（サトウハチロー，2019）の「母ありて　我かなし」の詩にも通じる複雑な感情が湧いたことが筆者に伝わりました。

　ユウトの「大切な音楽」は，彼の姉や祖父にとって母が遺した形見として意味づけられていたかもしれません。しかし，当時幼かったユウトには，母と過ごした場に実際に流れていたメロディが身体の記憶として刻まれたのではないかと思います。

　デッカー＝フォイクト Decker-Voigt（1991/2002, p.186）は，音楽心理

療法の視点から，音楽によって想起される状況の記憶は，常に時間や空間，人とも関連しており，それらを連想させる音楽は，なじみの音楽や，それと似た構造の音楽の時もあると述べています。また，それらの音楽のわずかな一部分によっても，引き起こされることがあることを示しています。ユウトにとって「大切な音楽」のメロディは，母親と過ごした大切な過去の時間と空間を現在の自分と結ぶものであり，母を表す全てでもあったと考えられます。このことにより，ユウトは，「今，ここ」において感情の伴う現実の体験として味わい，初めて言葉で語ることができたのではないかと思います。

2．少年刑務所の受刑者の語り

　少年刑務所においては，刑事処分を受ける成人や，10代の少年受刑者に対して音楽ナラティヴ・アプローチを行ってきました。ここでは，20代前半の若年受刑者4名のグループの語りを例として挙げます。彼らの主な罪名は，詐欺，窃盗，交通事犯などです。その中で，トモヒロ（仮名）は，境界性パーソナリティ障害と診断されていました。音楽療法の事前の面接では，初めは少し警戒している様子でしたが，話題が音楽編集ソフトのことに移ると，よく使っていたソフトをいくつか挙げて詳しく説明するなど，音楽への関心の高さを示していました。4名のグループの初回はドラムセットを使って合奏し，全10回の活動の中盤からは各回90分を一人ずつの「大切な音楽」について語る時間としました。

　トモヒロは「大切な音楽」として，ボーカロイド曲「小夜子」（みきとP feat. 初音ミク／作詞・作曲　ミキト）を選びました。

　　トモヒロ：まあ，完全に人が歌ってない。歌ってるのはボーカロイド。よく
　　　聞く，「初音ミク」で，……なんでこの曲かっていうと……うーん……曲
　　　名が女の子なんですけど，まあ，自分がもし女の子だったとしたら……こ
　　　の曲そのまんまっていうような。一番最初に聴いたのが……うんともう，
　　　20歳くらいのときで，（ニコニコ動画に）投稿してたこの原曲の方じゃな
　　　くて，うーんと，誰かが歌ったやつを，たまたま聞いて……で，じゃあ一
　　　回原曲もきいてみようと思って，で原曲をきいたら，原曲のほうが良くな
　　　っちゃって，1週間か2週間くらい，いっとき，この曲だけを何回も繰り
　　　返してずーっと聴き続けてた記憶があります……。
　　TH（筆者）：うん……。
　　トモヒロ：（ため息）

TH：特にどのへんに共感するの？

トモヒロ：共感でいうと……ま，まずぼく，ものすごい“病んで”たんです
　　　　よ。だから，一番の歌詞がそのまんま，あてはまっちゃうんですよね。

TH：ああ。

トモヒロ：当時っていうだけじゃなくてその前からずーっとそういうのがあ
　　　　ったんで……中学校かな，それくらいの時からずーっともう，サビのとこ
　　　　ろの 1 行目，2 行目あたりから，はまって……。

TH：うんうんうん……じゃあ，リストカットも？

トモヒロ：……（リストカット）も，してました……その時からそのことば
　　　　っか考えてるんですよ。手首やったら絶対目立つ，誰かにばれる。嫌だと
　　　　思ったら目立たないところを切る，切る，を繰り返してて……。自分の母
　　　　親もそんな感じだったんですよ。それを，いつだったかな，小学校くらい
　　　　のときにはじめて本人から告白されて。“昔こういうことをやってた”っ
　　　　て。“本当は死にたかったんだ”，みたいなことを言われて。で，“じゃ
　　　　あなんで生きてるの？”みたいな感じでお母さんにきいちゃって。そした
　　　　ら，“もう，死にたくても死にきれなかった”，そんなこと言われて……
　　　　うーん，そうなんだーって。

TH：その時の感覚はどうなの？

トモヒロ：切ってるときに，まあでも，痛みはあるんですよね，痛みはある
　　　　し，血が流れると，“ああ，血が流れてる”，みたいな感じになるし……
　　　　ちょっとすっきりしてるところもあるんですよね，ちょっと楽になってる
　　　　感覚もあって……よく，いるんですよね，SNS とかにも。ぼくは，現実
　　　　世界とのつながりよりも，こういうインターネットとか仮想世界でのつな
　　　　がりの方が結構多くて……本当に病みすぎて，ひどい人になると，自分で
　　　　“リスカ”したのを SNS に投稿したりとかしてる人もいたし，それをみ
　　　　て，“こいつ，またやってるよ”って思いながらも，自分でもまたやって
　　　　るから。ただだれかに発信してないだけで。

TH：そうかあ。

　　これらのやりとりをずっときいていたリョウタが，思い切ったように話し
始めました。

リョウタ：なんでしょう，この曲をきいた瞬間に，まず最初に浮かんできた
　　　　のが，人形，人形みたいやなって。この歌詞に，なんていうんですか，歌
　　　　詞をモノで表現するとしたら，なんだろう，そういうイメージでみたら，
　　　　寡黙な人形みたいな感じが，すごくしましたね。
　　　　　焦点あわないまま，なんかこんな状態でいる【首を左横にかしげてみせ
　　　　る】，そんな感じの，すごくイメージが伝わってくる感じですかね。

TH：意志があるようでいて，ないみたいな……。

リョウタ：そう

トモヒロ：（黙って何度もうなずく）

リョウタ：僕もなんか結構病むことがあったんで（笑），めちゃくちゃ……。

　上背があるはずのトモヒロが小ぢんまりと椅子におさまり，時折空を見つめてため息をつきながら語る様子は，まるで歌に登場する儚げな少女そのものであるかのように見え，リョウタが言った人形のイメージがぴったりだと筆者は思いました。しかし，この儚げな，境界がぼやけた感じは一体なんなのかというモヤモヤを感じている間に，リョウタが続けて質問しました。

リョウタ：これに"足りないもの"は何だと思いますか？

TH：これに"足りないもの"？　ああ〜……本当の意味で，生きてる感覚かな。

リョウタ：おおお。

TH：何だろう，怒りでも何でもいいけど何か生なましいものが，取り残されてる気がする。

トモヒロ：（黙ってうなずく）

TH：それがまた余計に生なましいんだよね。

ケント：（うなずく）

トモヒロ：うん……。ああ〜でも，この人，この曲だけじゃなくて，もっといっぱいあるんですけど，全部が，どっかで，生きてる人をすごい遠目の視点から見てる感じがします。

TH：そうやね。

トモヒロ：そこで，生きてる人，動いてるものを，何か，壁一枚，薄〜い壁一枚通して，言葉で表現してるって感じがすごいありますね，他の曲も……。

TH：でも多分薄いって言ったけど，薄いけどかなり強度強いね。

リョウタ：ふふふふ。

TH：さっきリョウタくんみたいに，実際に経験してる人だからこそっていうのを何かすごく踏まえてるんだけど，そのリアリティがあるにもかかわらず，遠目に見てるのが何だこれっていう，すごいなんかかき乱されるよね，聴いてたら。

トモヒロ：（二度うなずく）

リョウタ：自分であって自分じゃない。

TH：そうそうそう。

リョウタ：そういう感覚。

　彼らとの語りの中で，音楽の中に感じる何か足りないもの−「不在のもの」が，物質的に「存在する」音響によってはじめて示されるのを，筆者は感じました。まさにその場にいたリョウタをはじめとするメンバーが，トモヒロの感じている空虚さや，何かしらの足りなさをまさに「今，ここ」でそのまま感じとり，それぞれの中に答えを探るような語りとなりました。

Ⅲ.「大切な音楽」の語りにおける意味生成

　このことを可能にしたのは，音楽の換喩的な置き換えによるものと考えます。換喩とは比喩の一つであり，「あるひとつの現実Ｘをあらわす語のかわりに，別の現実Ｙをあらわす語で代用することばのあやであり，その代用法は，事実上または思考内でＹとＸとを結びつけている近隣性，共存性，相互依存性のきずなにもとづくもの」（佐藤，1992）とされています。これに対して，隠喩は類似性にもとづいた代用法です。
　「大切な音楽」と「大切な人・出来事」とは，過去のある場面において共存していたという事実関係のきずなによって結ばれているもので，両者はお互いに類似性のない異質のものでもあります。新宮（2016）は，精神分析において見る描画について，全体として知覚可能な，あるいは感覚可能な何らかのものの再現であり，それらの部分を構成する何らかのかたちとかたちが並置されて初めて，それらの間に存在する隙間が感知されることを指摘しています。その隙間に，あるものとないもの，つまり「在」と「不在」の交代が現れ，実は互いに同じものであるという色即是空のような論理が示されるとしています。
　以上のように，「大切な音楽」を用いたナラティヴ・アプローチを通して，喪失の経験の語りの意味生成と変容の事例を紹介しました。デッカー＝フォイクト（1991/2002, p.183）は，音楽の聴取から，かつて聴いた音楽やそれに似た音楽に関連する状況と人を連想し，それにまつわる感情が同時に喚起されることを示しました。ただし，これらについて正確に描写することはできないため，セラピストと話すことで「明確化」し，患者の生き方と関連して明示されることが，非常に大事なプロセスになります（前掲書, pp.194-195）。

　２つの事例から，母そのもの，あるいは役割としての母の「不在」を，「大切な音楽」の歌の声やメロディという「在るもの」で置き換えることによって，「在」と「不在」とが並べ置かれ，その隙間から感知される意味について感情を伴いながら語ることへとつながったのではないかと筆者は考えます。

　刑務所や少年院において，生別や死別を問わず，身近で大切な人との離別を経験してきた少年に多く出会います。例えば，親の離婚や，幼なじみだった親友が，いじめを苦に自死したり，あるいは検挙されるなどして突如連絡が途絶え，会えなくなるなどの状況も含まれます。これら大切な人との離別経験であっても彼らは淡々と語り，まるで寂しさなどの感情をどこかに置き忘れてきたかのように筆者には感じられます。しかし，「大切な音楽」の語りの終盤には，それぞれの生きる意味について話し合っていることがあります。そこまでに至るのは，音楽を介してかけがえのない家族や友人など重要な人物と離別した喪失経験について感情を伴いながら語りあうことによるのではないかと考えます。「大切な音楽」は「在」と「不在」の"あわい"にあり，それぞれの人生の過去と現在，そして未来へとつなぐ役割を果たしているのかもしれません。

　　文　　　献
Bruner, J. (2002) Making Stories: Law, Literature, Life. Harvard University Press. (岡本夏木・吉村啓子・添田久美子訳（2007）ストーリーの心理学―法・文学・生をむすぶ．ミネルヴァ書房．)
Butler, R. N. (1963) The life review: An interpretation of reminiscence in the aged. Psychiatry, 26; 65-76.
Decker-Voigt, Hans-Helmut (1991) Aus der Seele gespielt : Eine Einführung in die Musiktherapie. Wilhelm Goldmann Verlag. (加藤美知子訳（2002）魂から奏でる―心理療法としての音楽療法入門．人間と歴史社．)
藤岡淳子（2001）非行少年の加害と被害―非行心理臨床の現場から．誠信書房．
桝屋二郎 (2021) 第 125 回日本小児精神神経学会シンポジウム 1　発達障害の三次的障害としての非行を考える―アセスメント，予防，支援．小児の精神と神経，61(3); 214.
松本佳久子（2005）"大切な音楽"についての語りの意味とその変容―少年受刑者矯正グループへの音楽療法の経過から．日本芸術療法学会誌，36(1-2); 95-104.
佐藤信夫（1992）レトリック感覚．講談社学術文庫，pp.140-171.
サトウハチロー（2019）詩集おかあさん 1．日本図書センター．（底本は「詩集お母さん」（オリオン社，1965）を使用）
新宮一成（2016）特別講演：造形と精神分析―意味のかたち．臨床描画研究，31; 54-70.

喪失の心と心理臨床
精神分析的理解をもとに

浅井真奈美

Ⅰ．はじめに

　私たちは，日々さまざまな喪失を体験します。家族や恋人などの重要な他者の死や別れが大きな喪失となることは言うまでもありませんが，災害や事故，病気に関わる喪失，ペットの死，そして夢の喪失や身近な人の裏切りなどさまざまな喪失を体験し，心は大きく影響を受けるといえます。ここでは，その喪失の心の痛みをどう心に保持し体験するのか，また喪の過程が滞る場合にどう心の不調や病理に繋がるのか，3 節に分けて述べてみたいと思います。まずⅡでは，喪の理解と病理の知識として，フロイト Freud, S. の「喪とメランコリー」と小此木啓吾の「対象喪失」論，そしてフロイト以降の精神分析の知見についてご紹介します。Ⅲでは，日常的な事例を用いて，喪失の体験と心の働きについて説明します。Ⅳでは，具体的な心理療法の場面を提示し，心理療法においてどう喪失が表現され理解可能となるのか，また援助者である心理職はどう支援し配慮すべき点は何かについて述べたいと思います。

Ⅱ．喪失の心の理解——精神分析的理解から

　我が国に精神分析を広め，『対象喪失』(1979) を著した小此木 (2003) は，フロイトの研究や著作の多くが喪の仕事そのものであると述べています。本論では，一般的な心理療法においても役立つ喪失の理解の一助となる精神分析の知見について，簡単にご紹介します。

　精神分析は，フロイトが自らの臨床経験からその理論と技法を発展させた
ものです。フロイトの理論はリビドーやエディプス・コンプレックスという
一見理解しづらい言葉が用いられていますが，シンプルにいえば，乳幼児の
母親や父親にむける強い愛情と，そうした対象を独占できるわけではないと
いう断念や喪失の理論といえます。これらの考えは，フロイト自身の父親の
死の主体的体験である喪の過程から発展したものでもあります。「喪とメラン
コリー」(1917 = 2010) は正常な喪の仕事と病的なものとについてのフロイ
トの考えをまとめた論文です。正常な喪の過程の場合，失った愛する対象へ
の強い固執した思い（リビドー）と「その対象はもういない」という現実の
間での心の葛藤が起こり，次第にその現実を受け入れ，喪の過程を経て，心
（自我）は再び自由さを取り戻すと述べられています。一方病的な場合（メラ
ンコリー；うつ病），対象への著しいアンビバレントな感情と，常軌を逸した
自我感情の引き下げと自我の貧困化が特徴的であると述べられています。

　小此木 (1979) は，こうしたフロイトの理解を発展させ，喪（悲哀）の仕
事は，断念を可能とする心の営みであり，大切なことは悲しみや思慕の情を
体験し悲しむことのできる能力であるとしています。また喪の作業を妨げる
幾つかの条件として，対象への憎しみが激しい場合，一体化が強すぎる場合，
罪悪感等，対象との関係に由来する問題を挙げています。また，喪の作業を
妨げ逃避のために用いられる心の働き（防衛）について述べ，それにより心
は病理的になり，心を見失うこととなると述べています。喪失に関わる心の
働きについては次のⅢにおいて具体的に示したいと思います。

　フロイト以降，精神分析では喪失や重要な対象の不在をどう心におき体験
するのか，つまり喪失に関わる理論が発展してきたといえます。メラニー・
クライン Klein, M. は，内的対象という考えを発展させ，喪の過程を可能とす
る心の状態である抑うつポジションと，喪の過程を困難とする妄想−分裂ポ
ジションという2つの心の状態について提示しました。クラインの考えによ
れば，喪の過程を体験できない妄想−分裂ポジションの心の状態の場合，喪
失は「いない」という体験ではなく，「悪いものがいて攻撃してくる」体験と
なります。例えば，確執があった友人の死を悲しみや怒りとして体験するの
ではなく，「友人が化けてでてくるのでは（攻撃してくるのでは）」とか，「友
人の死の原因は私との確執だと周りが私を悪く言っている」と体験し被害的
になるという心の様です。こうした喪失を攻撃と体験しやすい心の状態の場

合，被害感情が強まり，正常な喪の過程は滞ることとなります。大きな喪失を体験した人の中に，周りの支援を拒み周りを過剰に攻撃する方がおられることはこの心性から理解できるといえます。喪の過程には，喪失を体験することを可能とする心の器が必要となります。妄想−分裂ポジションの心が優勢な場合，喪失を体験する心の器が不安定な状態であると理解されます。まずは，心の器が不安定な妄想−分裂ポジションの状態から，喪の体験を可能とする心の器が安定し機能する心の状態への支援が必要となります。

　心理職の支援としては，心の働きをアセスメントし理解する視点，そして喪の過程を可能とする心の器への支援が必要となります。こうした心の理解と支援について，次のⅢ，Ⅳにおいて具体的に述べていきたいと思います。

Ⅲ．喪失の心の働き

　ここでは，日常のわかりやすい例を用いて，喪失の心の痛みに対して，私たちが日頃どのような試みで心のバランスを取っているのかみていきましょう。ここでは，「欲しいと思っていたバッグが売れてしまった」という例を用いますが，日常的な些細な喪失の場合でも心がさまざまに働き，時に病理的になることを示してみたいと思います。

> 　例：30 代女性Ａさんにはこの１年間ずっと欲しいと思っていたバッグがありました。そのバッグの購入のために少ない給与から毎月１万円ずつを貯蓄していました。毎月そのバッグを見に行き，10 万円が貯まるのを心待ちにし，とうとうその 10 カ月目がやってきました。Ａさんは貯まったお金を手にし急いでお店に向かいましたが，店内にそのバッグはありませんでした。店員は「最後の１点も先週売れ，もう手に入りません」と答えました。

　このような状況に遭遇した際，私たちはさまざまな考えを用いて自らの心に言い聞かせます。「よく考えればあのバッグは小さく使い勝手が悪い」とか，「買わなくて正解だった」とか，または前向きに「もっと仕事を頑張り，さらによいバッグを買おう」など，さまざまな考えを用いて喪失の心の痛みが軽くなるようバランスを取ろうとします。こうした心のあり方の理解は，抑圧や合理化，反動形成，知性化といった心の防衛機制として，フロイト以降特に娘のアンナ・フロイト Freud, A. が発展させたものです。私たちの心

は，さまざまな方法を用いて自らの心を慰め，喪失のショックを和らげ，そして徐々にその喪失を受け入れていきます。喪失を体験しながら心の痛みを軽減しようとする場合，それは健康な心の対処法であるといえます。

　次に，心のバランスのとり方が病理的である場合について述べてみます。ここで述べる病理的とは，喪失に対する心の痛みや怒りを軽減するというより，心に蓋をし，心から切り離し体験しないようにする，つまりはなかったこととする心のあり方といえます。こうした切り離しを用いることで心は一時的に軽くなりますが，喪失の衝撃や苦しみは心の奥底に残り，喪の過程は滞り，切り離しや蓋をし続けることに心のエネルギーが奪われ，心の自由さは失われます。先の例の続きをみていきましょう。

　　　Aさんは，店をでた後そのまま競馬にいき，貯めた 10 万円をすべて競馬で使ってしまいました。競馬によりAさんの心はスカッとしましたが，Aさんの財布には 1 円も残っていませんでした。

　こうした行動は，喪失を心に置くことが難しい場合に時に起こる例といえます。ギャンブルという興奮を伴う方法を用いることで，喪失の心の痛みは麻痺し，心の内から切り離され外に排出されます。この「排出」（排除）という方法を用いる場合，心の体験は外側に吐き出されるため，あたかも心は軽くなったかのように体験されます。しかし，排出の機制により，バッグの喪失の痛みだけではなく，欲しいと願い続けた思いや 10 カ月間の努力といった時間軸の中での心のストーリー全てが心から切り離され，なかったこととされます。これにより，喪失の体験だけではなく，自らの心の一部をも否認することとなり，フロイトが述べた心の貧困化が生じることとなります。そして，ギャンブルという刺激を伴う排出方法が日々の喪失の度に用いられる場合，依存症や嗜癖につながっていきます。

　次の場合をみてみましょう。

　　　バッグを購入できなかったAさんは，帰り道，時計屋の前で自分の弟が 1 年前に時計を欲しいと言っていたことを思い出しました。Aさんは迷わず 10 万円の時計を弟へのプレゼントとして購入しました。家に帰宅し，Aさんは「1 年前から欲しかったでしょ」と弟にその時計を渡しました。弟は

驚き,「この時計が欲しかったのは 1 年前の話で今はそれ程欲しくなかったのに」と言いました。A さんはひどく激昂し,「ずっと欲しかったでしょ！」と弟に怒鳴りました。弟は姉がなぜ憤っているのか全く理解できず, 姉といることが嫌になりました。

　この場合, A さんのバッグへの思いは, 喪失の痛みを回避するために心の内から切り離され, 弟に「投影」されています。1 年間の欲しいと思い続けた心のストーリーはいまや弟のものとされています。A さんは弟の思いをケアする側に回ることで, 自らの欲しい思いや喪失の痛みに向かい合う必要がなくなります。ここで重要なことは,「自分は残念だったが, 代わりに弟に買っていこう」と喪失を体験しながらの弟への購入であれば, 病理的なものとはいえません。しかしこの例のように,「ずっと欲しかったでしょ！」と激昂するような場合, 自らの欲しい思いは完全に心から切り離されているといえます。この防衛の使用もまた, 先の排出と同様, 心の体験は外側に切り離されるため, 心は貧困化し心の自由さは失われます。

　ここでいう防衛機制の一つの「投影」について少し説明しましょう。「投影」とは, 自らの思いを心に置き体験できない場合に, 他人がそう思っていると他人の思いにしてしまうことです。父親が自らの夢を喪失した際に息子にその夢を託し,「お前もそうなりたいのだろう」と自身の思いを息子に投影し心の葛藤の体験を回避することは時にあることといえます。息子が思春期となり,「僕はそんなことしたくはなかった」と反抗した際, それを受け入れていく過程が父親自身の夢の断念の喪の過程となるのですが, 息子の反抗を認めない場合には, 夢の喪失と子どもの自立という 2 つの喪失を否認する姿といえます。この「投影」は, 人への期待や思い込みという形でしばしば示されますが, 病理的な投影かどうかは, 相手の意見を取り入れ修正できるかによるといえます。「投影」の場合,「あなたのため」という押しつけが強くなります。A さんや父親と息子の例のように投影が強く修正が難しい場合, 他者の心への共感は困難となり, 人間関係のこじれに繋がり, 相手は離れていきます。結果としてさらに喪失を体験することとなるのです。

　さて, A さんの別の場合についてみてみましょう。

　A さんは,「バッグは売れてしまいよかった。自分には 10 万円もするバ

ッグは似合わない」と自らに言い聞かせました。

　これは，「高価なものは自分には似合わない」と自らの価値を下げること
で，喪失の痛みを軽くする方法といえます。失恋した際，「大したことのない
人だった」と相手の価値を下げる方法もしばしば用いられる方法といえます
が，相手ではなく「私が不釣り合いだから」と自らの価値を下げることで喪
失の痛みに対処する場合がこれに相当します。この方法は本来ならば相手に
向ける怒りを自らに向けるものであり，フロイトが述べた自我感情の引き下
げや自己批判につながり，援助を求める気持ちも蓋をされやすくなります。
　ここでは，日常的な例でお話しましたが，バッグの例をとってもさまざま
な心の働きがあることが理解されたことと思います。これが物ではなく重要
な対象の喪失ならば，さらに私たちの心の働きは複雑となるといえます。
　心理療法において，クライエントの心をアセスメントし理解することは重
要な作業の一つといえます。クライエントは来談時混乱していることが多く，
自らの本当の困難さを言語化できるとは限りません。些細な喪失と思われる
話であっても，丁寧に聴く作業を通して，クライエントが喪失をどう体験し，
どのような防衛機制を用いて対処しているのか理解することができます。病
理に繋がる防衛機制として示した「排出」「投影」「価値下げ」は，妄想−分
裂ポジションの心の状態で用いられる防衛機制といえます。つまり，喪の過
程を体験可能とする心の器がまだ不安定で，そのため心に悲哀をおいておく
ことができず，外側に排出や投影をせざるを得ない状態であるといえます。
妄想−分裂ポジションの心の状態は，もともと心の容量が小さく行動化しや
すい方に多いといえますが，喪失の衝撃が大きく心の器が一旦壊れ機能しな
くなった場合にも示されやすい心の状態です。喪失を体験できる心の器があ
るのかどうか，そのアセスメントはとても重要であり，その見立てが不十分
な中喪失の課題に踏み込むことは，時にクライエントを傷つけ怖がらせ，心
理療法の進展にも困難が生じる場合があります。

Ⅳ．喪失と心理療法

　次に，喪失の体験を語ることが難しく症状を呈して来談した事例を用いて，
心理療法における喪失の理解と扱いについて述べたいと思います。事例は，

筆者のこれまでの臨床経験からエッセンスを取り出し構成しています。

　　Bさんは「最近やる気がなくなってしまった」ことを主訴にカウンセリ
　ングに来談されました。Bさんは，今のやる気を失った自分に戸惑っている
　こと，自分でもそのきっかけが全くわからないと語りました。Bさんと話す
　中で，2カ月程前にペットを飼い始めたことがわかりました。たまたまペッ
　トショップを訪れた際に，病弱で売れ残っている子犬と出会い，可哀想に思
　い購入したということでした。Bさんは外出もできなくなり，それについて，
　「弱っている子犬を置いて出かけるなんて<u>許されない</u>ですよね」と語りまし
　た。

　ここまでの語りの中で，Bさんからは，自らの心の不調と何らかの喪失の
体験が関わっているということは何も語られていません。しかしBさんの語
りから私たちは2つのことに注目することができます。1つは，Bさんが2
カ月前にケアを必要とする子犬に出会い見捨てることができず飼い始めたこ
と，そして，その子犬を置いてでかける（見捨てる）ことは「許されない」
行為だと思っているということです。こうした語りから，私たち心理職は，
Bさんの心の不調には何らかの過去の喪失が関連している可能性を推測する
ことができます。それは，過去の重要な対象の喪失に際して，何もできなか
ったという後悔や罪悪感がBさんの心にあり，自らを責め続けている可能性
です。もしくは，弱っていた自分を見捨てた誰かへの怒りや悲しみが未解決
なまま滞っているのかもしれません。未解決の心の課題が弱った子犬との出
会いにより賦活され不調をきたしたという推測ができるといえます。
　心理療法においては，その喪失が意識化されており，喪失として語られる
場合もあれば，過去の喪失の痛みが大きすぎる場合，顕在的な主訴としては
語られず，何らかの不調や症状を呈して来談される場合も少なくありません。
Bさんのカウンセリングの続きをみていきましょう。

　　Bさんは週に1回カウンセリングに通うこととなりました。カウンセラ
　ーは，何らかの過去の喪失の課題を想定しつつも，まずは不調のきっかけと
　なった子犬との出会いについて聴いていくことにしました。Bさんは，「た
　またま行ったペットショップで，1匹の子犬が病弱で売れ残っていることを
　店員から聞きました。その時，その子犬が私のほうを責めるようにじっと見
　たんです」と語りました。Bさんはそう語ると，トイレのため中座しました。

　トイレから戻った B さんは子犬の話は続けず,「そういえば来月祝日があり
ますが, カウンセリングはお休みですか?」とカウンセラーをじっと見て聞
いてきました。カウンセラーは不調である B さんのことが心配でしたが, 祝
日はお休みであることを伝えました。2 週間面接がない間, カウンセラーは
B さんの目が忘れられず, 申し訳なさを感じ, その間に B さんが不調になる
のではとひどく心配になりました。

　経過の一部を提示しましたが, さまざまなことが起こっていることがわか
ります。カウンセラーは, B さんの心の不調と何らかの過去の喪失の関連を
想定しましたが, まずは B さんが語ることが可能な子犬の話題を丁寧に聴く
ことにしました。これは, B さんが自らの喪失の体験を子犬に投影する語りで
しか今のところは語ることができないという防衛の理解から, B さんの心の
器に無理のない形での接近を考慮したといえます。B さんは, 子犬が「じっ
と自分を見た」と語った後トイレへと中座します。これは, B さんの心の中
に不安が生じ, これ以上考えられなくなり, 身体を用いて心から外側に「排
出」したと理解できます。B さんはトイレから戻り, 子犬の話題には触れず,
代わりにカウンセリングの祝日休みついて話し始めました。B さんは, 子犬
に「じっと見られた」体験を考える代わりに, 祝日休みで自分を見捨てるカ
ウンセラーを「じっと見る」ことで, 自らの体験を非言語的にカウンセラー
に伝えてきたといえます。カウンセラー側は見捨てた行為に自責の念を感じ
不安になります。これは喪失を心で体験することが難しい場合に, 投影とい
う方法で自らの体験を切り離しカウンセラーに体験させるという「投影同一
化」の機制が用いられたことといえます。この投影同一化により代わりにカ
ウンセラーが体験することとなった感情は, 逆転移としてカウンセラー側に
体験されます。逆転移がカウンセラー自身の未解決の課題が関係していない
か吟味する視点は必要ですが, 昨今言葉で自らの体験を語ることが難しいク
ライエントとの心理療法においては, この投影同一化(逆転移)の理解が重
要となっています。松木 (2015) は, クライエントへの「耳の傾け方」の一
つに,「クライエントのこころの世界内に住んで聴く」聴き方について述べ,
投影同一化で示された内的世界に身を置くことで, クライエントの体験に実
感を伴い触れることが可能となると述べています。この場合で言えば, カウ
ンセラー側が B さんの未解決の罪責感や不安を体験したといえます。そして
まずはカウンセラーの心の内でその体験の意味を感じ考え続けることが必要

であり，その抱える過程がクライエントの心の器作りに繋がっていくのです。投影同一化が用いられる場合，カウンセラー側が喪失の心を体験するため，代わりに大きく傷つき混乱することがあります。初心者の場合には，スーパーヴィジョンなど支援のあるなかで心理療法を行うことも必要といえます。

> 　カウンセラーはBさんが自ら語ることが可能となるまで，その罪責感を代わりに感じ考え続けることにしました。1年程経過した頃，Bさんは新しいバッグで現れ，「たくさん物が入り見失わなくなった」と言いました。そしてその数回後，Bさんは10年程前に亡くなった母親のことを泣きながら語り始めました。仕事が忙しく母の看病ができなかったこと，そして母が亡くなる日自分をじっと見，その目が今でも忘れられないことをでした。その後，Bさんの不調は落ち着き外出も可能となりました。

　Bさんは来談当初，母親の死については何も語っていませんでした。しかしカウンセラーが過去の喪失の課題を想定し，Bさんの心の器の大きさを考慮しつつ，投影同一化の機制を理解し心に接近する中，Bさんは母親の死を話題にできるようになり，症状も改善されました。祖父江（2019）は，自我が弱いクライエントに気持ちの表現を促す関わりを用いることの危険性を指摘し，「気持ちを抱える」ことの重要性を提示しています。松木（2007）もまた，クライエント本人のもちたえる力が大きくなるのを援助する必要性について述べています。こうした視点は，防衛機制をアセスメントし，心の器を見立てる視点であり，投影同一化の理解はクライエントの抱える機能を高める方法の1つといえます。

　今回母親の死を語ることが可能となった頃，Bさんは新しいバッグで来談しました。心理療法においてバッグの話題は意味のある象徴としてしばしば語られます。バッグの話題を通して，Bさんは自らの心の器が安定したことを示し，「たくさん物が入っても見失わなくなった」，つまり「多くの事柄を心においておけるようになった」ことを伝えてきたといえます。心の器の安定に伴い過去の喪失の語りが可能となったのです。Ⅲにおいて示したバッグの例もそうした視点で捉えなおしてみると，些細な喪失の話ではなく，何らかの心の器を失ったという語りと理解できるかもしれません。同様に，ペットの話題も心理療法においては象徴的にしばしば登場します。ペットが重要な対象の投影先となっている場合，過剰な世話につながり，ペットの死はそ

の重要な対象の喪失そのものとなるため，喪の過程が困難になりやすいと理解できます。

V．おわりに

　本論では，言語的に示される喪失だけではなく，その背後の心を見立てる重要性と心理療法における支援について述べました。心理職である私たちは，さまざまな喪失に関わる知識を学び，技量を高めていく必要があるといえます。

　　　文　　　献

Freud, A. (1937) The Ego and the Mechanisms of Defence. (The International Psycho-analytical Library, No. 30.) Hogarth Press. (外林大作訳（1985）自我と防衛．誠信書房.)

Freud, S. (1917) Trauer und Melancholie. Gesammelte Werke in 18 Bänden mit einem Nachtragsband, Band 10, S.Fischer. (新宮一成ほか編（2010）喪とメランコリー．In：フロイト全集 14．岩波書店，pp.273-293.)

Klein, M. (1946) Notes on some schizoid mechanisms. The International Journal of Psycho Analysis, 27; 99-110. (小此木啓吾・岩崎徹也編訳（1985）メラニー・クライン著作集 4：妄想的・分裂的世界．誠信書房.)

松木邦裕（2007）「抑うつ」についての理論．In：松木邦裕・賀来博光 編：抑うつの精神分析的アプローチ―病理の理解と心理療法による援助の実際．金剛出版，pp.15-49.

松木邦裕（2015）耳の傾け方―こころの臨床家を目指す人たちへ．岩崎学術出版社.

小此木啓吾（1979）対象喪失―悲しむということ．中公新書.

小此木啓吾（2003）対象喪失とモーニング．In：小此木啓吾編：精神分析のすすめ：わが国におけるその成り立ちと展望．創元社.

祖父江典人・細澤仁編（2017）日常臨床に活かす精神分析：現場に生きる臨床家のために．誠信書房.

祖父江典人（2019）公認心理師のための精神分析入門：保健医療，福祉，教育，司法・犯罪，産業・労働領域での臨床実践．誠信書房.

喪失体験への身体的アプローチ
からだの声を聴き，こころに寄り添う

西村もゆ子

Ⅰ．はじめに

　身体志向アプローチの心理療法には，EMDR（Eye Movement Desensitization and Reprocessing：眼球運動による脱感作と再処理法），臨床動作法など種種あります。筆者はトラウマ療法のソマティック・エクスペリエンシング（Somatic Experiencing，以下 SE）と，トラウマ的な体験をした個人と集団の支援を目的とするコレモ（Community Resiliency Model）を学び，活用しています。いずれも身体感覚への気づきを用いて，自律神経系の自己調整機能を整える特徴を持つ技法です。

　実は本稿を書き始めようとしていたところ，長年飼っていた愛犬が亡くなりました。酷いペットロスになるかもしれないと思いましたが，この辛い喪失体験を乗り越えるのにコレモのスキルがとても役に立ちました。そこで本稿では，筆者の体験も交えながらコレモについてご紹介し，身体感覚への気づきを用いた支援方法が当事者と支援者双方にもたらす意義について考察したいと思います。

Ⅱ．コレモとは

1．コレモの成り立ち

　コレモは，ポリヴェーガル理論などの生物学的理論に基づく知識とスキルによって心身のバランスを整える技法です。2006 年，アメリカの Trauma Resource Institute（TRI）の創設者エレーン・ミラー－カラス Elaine Miller-

Karas らが大規模自然災害の被災者支援に従事した際，自律神経系の自己調整機能の安定化を目的とした身体感覚を用いた介入が，たとえ短期的なものであっても有効（気分の改善や PTSD 発症の軽減など）であると見出したことがきっかけでした（Leitch & Miller-Karas, 2009）。その後，トラウマ療法の Trauma Resiliency Model（TRM）と，一般の人でもセルフケアとして活用できる知識とスキルを学べる方法としてコレモが開発されました（Miller-Karas, 2015）。

2．レジリエンシー・インフォームドな支援

ミラー－カラスはレジリエンスを，「今ここで十分に生きるために自らの強みを見出し，それを役立たせ，日常の中で成長していくことができる，個人および集団が持つ力」と定義します。TRI は，トラウマ・インフォームド（trauma-informed）に加え，このレジリエンスの力を尊重するレジリエンシー・インフォームド（resiliency-informed）であることを理念としています。こうした考え方から，コレモを学んだ人（コレモガイド）は，コレモの知識とスキルをまずは自分のケアに活用し，次に家族や職場，地域など周囲の人と共有するよう奨励されています。こうすることで，レジリエンシー・インフォームドなコミュニティを広げていくことが可能になるからです（Miller-Karas, 2015）。

3．適用対象と効果

コレモは年齢や性別，文化や宗教を超え，これまでに世界 30 カ国以上で用いられています。被災者支援のほか，教育，福祉，医療，警察や消防などさまざまな分野で導入され，その効果（抑うつ感や不安感，二次的トラウマ受傷，身体症状の有意な減少など）は実証的研究で確かめられています（Grabbe et al., 2020; Freeman et al., 2021; Habimana et al., 2021 など）。

4．技法の概要

コレモは心理療法ではありませんが，トラウマへの対処法であり，対ストレス予防としてのセルフケア技法でもあります。コレモを学ぶ講座は，トラウマとその回復に関わる脳や自律神経系の働きについての理論などの心理教育と，それらに基づくウェルネス・スキルを学ぶプログラムで構成されてい

図1　レジリエント・ゾーン（大丈夫ゾーン）（Miller-Karas, 2015）

ます。通常，半日から数日間をかけて個人と集団を対象に提供されます。対面のほか，オンライン形式でも行われています。以下はその概要です。

①自律神経系や脳の働きについての生物学的知識

　大きなショックやストレスとなる出来事を体験したことで生じるさまざまな心身の反応には科学的根拠があり，"心の弱さ"によるものではありません。このことについて脳や自律神経系に関する最新の理論を用いて詳しい説明がなされます。中でも鍵となるコレモの概念に，レジリエント・ゾーン（Resilient Zone；大丈夫ゾーン）があります（Miller-Karas, 2015）。自律神経系がバランスよく働いているとき，人は日常で起こるトラブルや困難，嬉しいことや楽しいことなど，さまざまな感情の波を体験しながら乗り越えることができます（図1）。

　しかしトラウマ的体験をすると，大丈夫ゾーンの上下に飛び出してしまいます。ゾーンより上に飛び出し，交感神経系が過活性になると，不安や怒りでいっぱいになったり，ゾーンより下に飛び出し，副交感神経系が過活性になると，悲嘆や抑うつを強く感じたりします。それでもたいていの場合は一時的なもので，しばらくするとまた大丈夫ゾーンに戻っていきます。これがレジリエンスです。それでも大丈夫ゾーンの幅には個人差があり，幅が広いほど大波を乗り越えられる許容範囲も広いと考えられます。

②ウェルネス・スキル

　ウェルネス・スキルは6つのスキル群からなります（表1）。これらのスキルを練習することで大丈夫ゾーンの幅を少しずつ広げていくことができ，一時的にゾーンの外に飛び出てしまった際にゾーン内に戻りやすくすることに

表1　コレモのウェルネス・スキル

	スキル	概要
1	Tracking	身体の内側の感覚（フェルトセンス）に気づく
2	Resourcing	安心安全感や喜びをもたらしてくれるものに気づく
3	Grounding	支えに接している体の部分に意識を向け「今ここ」の安全感に気づく
4	Gesturing	自発的な身振り手振りなどの動きに意識を向ける
5	Help Now!	周囲の環境に意識を向けることで鎮静化するための心理的応急処置
6	Shift and Stay	不快な感覚から中立的もしくは快い感覚へと意識を向ける

（Grabbe et. al,, 2021）を元に作成

も役立ちます。コレモの講座では，まずは自分のためにスキルが使えるよう練習をします。他の人に用いる前に，自分をケアしながらスキルを体得することが大切だからです。

　6つのうち最も重要なスキルがトラッキング（tracking）です。トラッキングとはフェルトセンス（身体の内側の感覚）に気づき，「今ここ」に意識を向けることです。その他のスキルを行う際も必ず身体感覚への気づきをトラッキングして自律神経系の状態を読み取り，バランスを整えていきます。

　喪失体験を扱う際には，リソースを探す（resourcing）スキルが役立ちます。リソースとは，悲しいときや辛いときに活力を与え，心の拠りどころとなるもので，大切な人や動物（すでに亡くなっていても可），自分の能力，好きな場所や音楽，匂いなど人によりさまざまです。例えば筆者が愛犬について自分でトラッキングしたときの様子は次の通りです。

　　犬のことを思うと，自然と胸元に手が行きます。深い呼吸と手の温かさで，心地よい感じです。しばらくすると，でも犬はもういないのだと悲しくなり，みぞおちがきゅっとなるのに気づきます。心地よい感覚ではありません。しかし多くの楽しい思い出はいつも私と共にあると思うと，目から涙がこぼれ落ちそうなことに気づきます。涙に気づきながら再び胸元に意識を向けると，心地よい感覚が戻ってきます。そして，最後まで生きぬいた犬の姿はレジリエンスの体現であり，これからも犬は大切な存在であり続ける，という思いがふと浮かびました。すると体の隅々まで力がみなぎり，私は大丈夫だ，という感じがお腹の奥の方からしてきました。

　悲しい気持ちや感覚に気づきながらも，リソースとしての思いや身体感覚をトラッキングしていくと，喪失が身体で了解されて"腑に落ち"，新たな意味づけが見出されるときがいつしか訪れます。このとき身体の奥深くから自然に立ち上ってきた新しい考えや気持ちは，納得感の大きい揺るぎないものとなります。

③コレモを適用する際の注意と限界

　あまりに強烈なトラウマ的体験をしたり，トラウマ的体験を長期間繰り返し経験すると，大丈夫ゾーンの外にいることが常態化したり，ゾーン外の上下を激しく行ったり来たりしてしまうことがあります。この場合，より重い精神症状や身体疾患などの問題が深刻化し，大丈夫ゾーンに戻るのが難しくなることもあります。こうした場合には専門家によるトラウマ療法が有効です。SE や TRM では，タイトレーション（titration）と呼ばれるトラウマに圧倒されることなく慎重に少しずつ扱う方法（Levine, 2010）で，爆発的な激しい怒りや解離症状なども安全に処理していくことが可能です。ウェルネス・スキルも注意深くタイトレーションしながら行えると，より安全に取り組むことができます。

Ⅲ．現在進行形の圧倒的な喪失体験に寄り添う
——コレモを用いたウクライナ支援

　ロシアによるウクライナ侵攻開始の翌日（2022 年 2 月 25 日），ミラー－カラスをはじめ TRI のメンバーは，以前から交流があったウクライナの団体からの依頼を受け，コレモの緊急ワークショップを行いました。戦争という大きなトラウマの渦中にいる人々に向け，遠く離れた安全な場所からオンライン形式で支援を提供するという，心理的にも構造的にも簡単ではない試みです。ときに爆撃警報が鳴り，まさに生と死の間にいる参加者たちから，難しく心をえぐられるような質問が次々に寄せられます。ミラー－カラスらはそれらにしっかりと応じ寄り添いながら，次のように問いかけました（Miller-Karas, 2022b）。

　「今，あなたにとって最も助けになっている人は誰でしょうか？　または，

助けになっているものにはどんなものがあるでしょうか？」「安全な場所に避難できたときのことを覚えているでしょうか？」「これまでの人生で辛く大変なときを乗り越えるのに，一番頼りになった人やもの，助けになってくれた人やものには，どのような人／ものがあるでしょうか？」

　すると参加者は，一息ついて，現在と未来についてよりポジティブな視点で語り出し，より自分の強さやレジリエンスに意識が向くようになります。例えば死と隣り合わせの生活に絶望している女性に，身体感覚への気づきを用いながら上記のような言葉がけをしたところ，彼女は涙を流しながら「今私はこの涙を感じることができる，ありがたい，私は生きている」「この場所（サポート・グループ）は安全です。ありがとう」と応えています。数日後に再会したときには，戦争が始まって以来初めて食事を多く食べられるようになり，よく眠れるようになったと報告し，自身の美しい歌声で仲間を勇気づけたりもしています（Miller-Karas, 2022a）。

　筆者がTRIのサポートメンバーから聞いたところによれば，このように食欲や睡眠の改善，日常の些細な喜びや楽しみについて語る参加者は少なくないようです。これらのことは，戦争という大きなトラウマの渦中にいる人に対して，たとえ短い時間であっても，コレモによる介入が「希望の（極細繊維のような）糸」を紡ぎ，レジリエンスの力を引き出し，well-beingの改善に有効であることを示唆しています。

　このサポート・グループは，2022年6月現在も毎週行われています。2月のワークショップの様子はSNS上で公開され，4月時点で延べ8万回以上視聴されています。TRIのウェブサイトからもその録画を見ることができます（https://www.traumaresourceinstitute.com/blog/supporting-ukraine）。

　またコレモのアプリ（英語・スペイン語）があり，携帯電話などに無料でダウンロードができます（https://www.ichillapp.com/index.html）。このアプリを使用して，ミラー－カラス自身の声によるガイドでウェルネス・スキルの練習ができます。日本語でのコレモについては，コレモ・ジャパンのウェブサイト（https://www.crmj.org）を参照してください。コレモの理論を日本語で学べる動画や，ウェルネス・スキルを練習する講座などについて最新の情報が提供されています。

IV.　身体感覚への気づきを用いた支援方法の意義

　性暴力被害，大規模自然災害や長期に及ぶ虐待などの心身を圧倒されるような大きなストレスに直面した人が，その体験を言葉で表現することは難しく，あえて言葉にしたくない，語りたくないと思うことは珍しくありません。しかし喜びや悲しみ，怒りなど，感情にはそもそも身体感覚がともないます（Nummenmaa et al., 2013）。このため身体感覚をうまく利用することができれば，会話による働きかけだけでは難しいケースにも対応できると考えられます。さらに身体感覚を用いることは「今ここ」で感情を扱うことであると，脳の島皮質（交感神経系と副交感神経系の制御に関わる部位でもある）についての研究からも示唆されています（寺澤，2018）。こうしたことから，身体感覚の気づきを用いた技法は，会話中心の心理療法と同様，またはそれ以上に有効に機能することがあると言えるのではないでしょうか。

　キャンディス・オッスフォート－ラッセル Candyce Ossefort-Russel は複数の研究を引用し，恐怖や不安感，精神的苦痛などともに，めまい，食欲不振，不眠，頭痛，疲労感など，喪失体験にともなう訴えの多くが極めて身体的なものであると指摘しています。そしてこれらの身体症状は，大切な何かを失う体験という脅威に対し，周囲の環境が安全ではないと判断した身体の生物学的防衛反応（交感神経系の闘争・逃走反応，および副交感神経系の背側迷走神経系のシャットダウン）により生じていると，ポリヴェーガル理論の視点から説明しています（Ossefort-Russell, 2018）。

　このような状態にある人を支援するには，まずは安心安全と感じられる場の確立が何よりも重要です。そのためには支援者が，自らの落ち着いた神経系で安全な場として機能しなければなりません（Levine, 2010; Ossefort-Russell, 2018）。すなわち，支援者がさまざまな出来事にも冷静に対応できる大丈夫ゾーンを持ち，ゾーン内の安定した状態に（できるだけ）とどまれること，ゾーン外に出てもすぐに戻って来られることが必要なのです。こうしたことから，コレモがセルフケアを重要視しその具体的方法を提供していることは合理的であり，当事者支援はもちろんのこと，支援者のバーンアウト予防の観点からも有意義であると言えるでしょう。

文　　献

Freeman, K., Baek, K., Ngo, M., Kelley, V., Karas, E., Citron, S., & Montgomery, S.(2021)Exploring the usability of a community resiliency model approach in a high need/low resourced traumatized community. Community Mental Health Journal, 58(4); 679-688.

Grabbe, L., Higgins, M. K., Baird, M., Craven, P. A., & San Fratello, S. (2020) The Community Resiliency Model ® to promote nurse well-being. Nursing Outlook, 68(3); 324-336.

Grabbe, L., Higgins, M. K., Baird, M., & Pfeiffer, K. M. (2021) Impact of a resiliency training to support the mental well-being of front-line workers. Brief report of a quasi-experimental study of the community resiliency model. Medical Care, 59(7); 616-621.

Habimana, S., Biracyaza, E., Habumugisha, E., Museka, E., Mutabaruka, J., & Montgomery, S. B. (2021) Role of community resiliency model skills trainings in trauma healing among 1994 Tutsi genocide survivors in Rwanda. Psychology Research and Behavior Management, 14; 1139-1148.

Leitch, L., & Miller-Karas, E. (2009) A case for using biologically-based mental health intervention in post-earthquake china: evaluation of training in the trauma resiliency model. International Journal of Emergency Mental Health and Human Resilience, 11(4); 221-233.

Levine, P. A. (2010) In an Unspoken Voice: How the Body Releases Trauma and Restores Goodness. North Atlantic Books.（池島良子・西村もゆ子・福井義一・牧野有可里訳（2016）身体に閉じ込められたトラウマ：ソマティック・エクスペリエンシングによる最新のトラウマ・ケア．星和書店.）

Miller-Karas, E.(2015) Building Resiliency to Trauma: The Trauma and Community Resiliency Models. Routledge.

Miller-Karas, E. (2022a) Reflections from a therapist treating Ukrainian survivors. Psychotherapy Networker. https://www.psychotherapynetworker.org/blog/details/2061/wartime-trauma-treatment（アクセス日 2022 年 6 月 30 日）

Miller-Karas, E. (2022b) Providing support to Ukraine during war with telemental health using the community resiliency model to reduce toxic stress. Psychology Today. https://www.psychologytoday.com/gb/blog/building-resiliency-trauma/202204/providing-support-ukraine-during-war-telemental-health?eml（アクセス日 2022 年 6 月 30 日）

Nummenmaa, L, Glerean, E., Hari, R., & Hietanen, J. K. (2013) Bodily maps of emotions. Psychological and Cognitive Sciences 111(2); 646-651. https://doi.org/10.1073/pnas.1321664111（アクセス日 2022 年 6 月 30 日）

Ossefort-Russell, C. (2018) Grief through the lens of polyvagal theory: Humanizing our clinical response to loss. In: Porges, S. W. & Dana D.(Eds.): Clinical Applications of the Polyvagal Theory: The Emergence of Polyvagal-Informed Therapies. W.W. Norton & Company, pp.317-337.

寺澤悠理（2018）「いま」を作り出す身体反応の受容・制御と感情―島皮質の機能からの考察．神経心理学，34(4); 289-298.

索　　引

執筆者一覧

第1章　山口智子（やまぐち・さとこ）日本福祉大学教育・心理学部心理学科

第2章　永田雅子（ながた・まさこ）名古屋大学 心の発達支援研究実践センター

第3章　坪井裕子（つぼい・ひろこ）名古屋市立大学大学院人間文化研究科

第4章　井村　修（いむら・おさむ）奈良大学社会学部心理学科

第5章　山本智子（やまもと・ともこ）近畿大学教職教育部

第6章　中原睦美（なかはら・むつみ）鹿児島大学大学院臨床心理学研究科

第7章　西脇喜恵子（にしわき・きえこ）東京有明医療大学学生総合支援室

第8章　小林　茂（こばやし・しげる）札幌学院大学心理学部臨床心理学科

第9章　徳田治子（とくだ・はるこ）高千穂大学人間科学部

第10章　南　博文（みなみ・ひろふみ）立命館大学 OIC 総合研究機構

第11章　松本佳久子（まつもと・かくこ）武庫川女子大学音楽学部応用音楽学科

第12章　浅井真奈美（あさい・まなみ）小泉心理相談室

第13章　西村もゆ子（にしむら・もゆこ）Center for HEART ／ HEART カウンセリングセンター

編者紹介

山口智子（やまぐち・さとこ）
　広島県尾道市生まれ。名古屋大学大学院教育学研究科発達臨床学専攻博士課程単位取得
　満期退学。現在，日本福祉大学教育・心理学部心理学科教授。博士（教育学）。臨床心理
　士・公認心理師。
　主な著書
『人生の語りの発達臨床心理』（単著，ナカニシヤ出版，2004 年）
『はじめての質的研究—事例から学ぶ（生涯発達編）』（共著，東京図書，2007 年）
『ナラティヴと心理療法』（共著，金剛出版，2008 年）
『働く人びとのこころとケア—介護職・対人援助職のための心理学』（編著，遠見書房，2014
　年）
『臨床ナラティヴアプローチ』（共著，ミネルヴァ書房，2015 年）
『老いのこころと寄り添うこころ 改訂版—介護者・対人援助職のための心理学』（編著，遠
　見書房，2017 年）
　ほか多数

喪失のこころと支援
悲嘆のナラティヴとレジリエンス

2023 年 1 月 20 日　第 1 刷

編著者　山口智子
発行人　山内俊介
発行所　遠見書房

〒 181-0001 東京都三鷹市井の頭 2-28-16
TEL 0422-26-6711　FAX 050-3488-3894
tomi@tomishobo.com　http://tomishobo.com
遠見書房の書店　https://tomishobo.stores.jp

印刷・製本　太平印刷社

ISBN978-4-86616-159-4　C3011